AF286069

1

Auf dem Jakobsweg

*

Tagebuch einer

Pilgerreise

von

Dietmar Friedrich

Bibliografische Information der Deutschen Nationalbibliothek:
Die Deutsche
Nationalbibliothek verzeichnet diese Publikation in der Deutschen
Nationalbibliografie;
detaillierte bibliografische Daten sind im Internet über
www.dnb.de abrufbar.

„Herstellung und Verlag: BoD – Books on Demand,
Norderstedt"

ISBN 3-8334-0897-9

Erste Auflage 2004

Jesus sprach: Wer das All erkennt und sich selbst verfehlt,
verfehlt den ganzen Ort.

Aus dem apokryphen
Thomasevangelium; Spruch 67

Auf dem Jakobsweg

Pamplona, den 8. April 2002

Am Abend, nach Anreise mit dem Flugzeug über Frankfurt und Madrid, Ankunft in Pamplona - die Stadt, die der Roman *The Sun Also Rises* von Ernest Hemingway weltberühmt gemacht hat. Doch nicht Hemingway noch Stierkampf locken mich hierher, vielmehr will ich mich von hier aus, zu Fuß, auf dem Weg nach Santiago de Compostela machen. Der Weg zum Grab des heiligen Jakobus zählt seit dem Mittelalter, neben Jerusalem und Rom, zu den drei wichtigsten Pilgerwegen der Christenheit. Seit mehr als tausend Jahren zogen auf diesem Weg unzählige Menschen nach Westen. Ich gedenke mich diesem Zug durch die Zeiten anzuschließen. Die Idee zu dieser Pilgerreise gründete zum Teil in einer meiner tiefsten Überzeugungen, dass sich nämlich alles in dieser Welt, in diesem speziellen Fall das christliche Mittelalter in Spanien, sowie die moderne Renaissance der Wallfahrt nach Santiago, nicht allein mittels Reflexion, sondern nur in Verbindung von Reflexion und Tat ergründen und begreifen lasse. Andererseits treiben mich aber auch private Gründe auf diese Fahrt. So etwa das schwierige Bemühen um das Gleichgewicht der Seele.

*

Nach der Einquartierung in die Pilgerherberge zog es mich noch zu einem kurzen Spaziergang durch die Stadt. Die tief stehende Frühlingssonne umflorte golden das frische Grün der Blätter an den Bäumen auf den Plazas. Beim Aufbruch von zu Hause, am frühen Morgen, lief ich auf dem Weg zur Bushaltestelle, noch über eisbereifte, kälteknisternde Wiesen.

Überall herrschte lebhaftes Treiben in der Stadt. Um diese Zeit, so zwischen acht und neun Uhr Abends, trinken die Spanier einen Aperitif vor dem Essen, das man noch viel später zu sich nimmt. Das südländische Element, das ich in anderer Form schon von Italien her kannte, wirkte sogleich erheiternd auf mich. Es war als perlte mit einem Male eine halbe Flasche Champagner durch das Blut. Leider konnten wir uns dem Trubel nur für kurze Zeit anschließen. Die Zeit reichte gerade einmal für ein schnelles Abendessen, da die Pilgerherberge bereits um zehn Uhr schloss.

Puente la Reina, den 9. April 2002

Der erste Tag unterwegs. Nach stundenlanger Wanderung durch die hässlichen Industrievororte Pamplonas, ging es hinauf in die Sierra Perdón, deren Höhenrücken mit unzähligen Windrädern bestückt sind, die wohl Strom für Pamplona liefern. Enzian, wilde Rosen und Steineichen säumten den Weg. Die Ruhe und Weite der Landschaft wirkte sogleich beruhigend auf die Seele. In Puente la Reina, dem ersten Etappenziel, dann unverhofft schon einer der ersten Höhepunkte der Reise. Nahe der modernen Pilgerherberge, von dieser nur durch einen weiten Hof getrennt, steht die geheimnisvolle, wahrscheinlich von den Templern, erbaute Kirche Iglesia de Crucifijo, aus dem zwölften Jahrhundert, die ich gleich, nachdem ich mich in der Herberge ein wenig von den Strapazen der Wanderung erholt hatte, besuchte. Im vollkommen schmuck-losen Inneren der Kirche, das gleichwohl in seinem gelungenen architektonischen Minimalismus von einer vollkommenen Formbeherrschung zeugte, stand ich mit einem Male einem Kruzifix gegenüber, das eine Ausdruckskraft und Lebendigkeit an sich hatte, die absolut außergewöhnlich war. Schon allein der Stamm des Kreuzes war in seiner Form seltsam und unge-wöhnlich. Er hatte erstaunlicherweise die Form der germanischen Yr-Rune, die sowohl der Eibe, als auch dem höchsten Gott Odin zugeordnet war. Sollte hier auf eine unerklärliche Weise altes

14

heidnisches Gedankengut in die christliche Kunst eingeflossen sein? Den Templern wird ja nachgesagt, dass sie ihr Wissen nicht nur christlichen Quellen entnahmen. Und Parallelen zwischen der christlichen und der heidnischen Überlieferung sind zweifelsohne vorhanden. Wie Jesus war auch Odin am Holze geopfert, er selber sich selbst zum Opfer hingegeben, wie es heißt. Neun Tage und Nächte lang hing er an einem Speer, der durch seine Brustmuskulatur gebohrt war. An der Weltesche Yggdrasil hing er so, auf der Suche nach Wissen und Weisheit.

Dann der Corpus selbst. Nähert man sich dem Kreuz bis auf etwa eineinhalb, zwei Meter, blickt der Gekreuzigte direkt auf dich herab. Ich muss gestehen, dass mir ein Schauder über den Rücken lief. Beinahe hatte man das Gefühl dieser Christus da am Kreuze lebe; das Gesicht, das einem hier vom Kreuzesstamm herab anblicke, sei nicht aus toter Materie, aus Holz geschnitzt, sondern atme, fühle. Ein lebendiges Gleichnis hatte dieser unbekannte Bildhauer da in das Gesicht des Jesus am Kreuz geschrieben. Von Leid gezeichnet ist dieses Gesicht. Doch spricht es auch davon, dass das Leid überwindbar ist. Überwindbar in der Nachfolge Jesu, wie es in der christlichen Tradition heißt, die sich dabei eben auf diesen Jesu am Kreuz bezieht.

Was ist nun mit diesem Ausdruck gemeint? „Das Leid überwinden in der Nachfolge Jesu." Wie so viele christliche Formeln erscheint auch diese heute oftmals abgedroschen und leer, so dass sie zur bloßen Phrase herabzusinken droht. Bei der Betrachtung dieses Kruzifix begriff ich zum ersten Mal, was es damit auf sich haben könnte. Es ist eine Art Mittelweg, der hier beschritten wird. Weder wird dem Leid im heroischen Kampf, in edler doch letztlich zum Scheitern verurteilten Gegenwehr, Widerstand geleistet, noch auch ist aus Furcht vor dem Leid eine kynische Selbstverleugnung gestattet, wie es etwa die Haltung des Diogenes und manch anderer Askesekünstler war. Leid scheint hier in stiller Duldung überwindbar, oder doch wenigstens sublimierbar zu sein. Demut, die etwas ganz anderes ist als Selbstverleugnung, erscheint als christlicher Schlüssel zur Überwindung des Leids.

Wie war der Umgang mit dem Leid, bevor das Christentum Einzug hielt? Wobei uns hier einmal nur das germanische Europa zu interessieren braucht. Ich muss noch einmal beide Gleichnisse gegenüberstellen, um die Unterschiede zweier Geisteshaltungen noch deutlicher herausarbeiten zu können, die sich doch rein äußerlich, eben in ihren Gleichnissen, wie wir gesehen haben, so sehr ähneln. - Jesus am Kreuz und Odin an der Weltesche Yggdrasil. - Das Leid zu leugnen, so verwegen war noch kein Philosoph, noch keine Religion. Im Christentum freilich wird es im Gegensatz zu den meisten anderen Religionen zu *dem* zentralen Problem des Denkens und Empfindens. Das Kreuz, das Instrument des Martyriums und des Leids, steht in den meisten christlichen Kirchen, schon rein optisch, im Zentrum der Anbetung. In Leid und Schmerz sind wir an die Welt gekettet. Jesus vermag das Leid, wie wir gesehen haben, in stiller Duldung, vielleicht auch im Vertrauen an einen gerechten und ausgleichenden Gott zu überwinden. Diesem Ideal, der stillen Erduldung des Leids, vermag ein jeder nachzueifern, wenn eine vollendete Haltung im Leid auch unendlich schwer sein mag.

Auch Odin ist ein leidender Gott. Freilich gleicht sein Leiden an der Weltesche Yggdrasil eher einem schamanischen Einweihungs- ritual. Nicht Erlösung von irgend etwas, von den Sünden, von der Last der Welt, war das Ziel Odins, sondern Zuwachs an Weisheit, an Zauberkraft und damit letztlich an Macht. Das ist der fundamentale Unterschied. Das Christentum ist eine Erlösungs- religion; Erlösung von den Sünden, vom Tod. In der nordisch- germanischen Mythologie hingegen stand die Frage nach irgend einer Art von Erlösung nicht einmal ansatzweise und von Ferne zur Debatte. Man musste nicht erlöst werden. Die Welt war ein Ort, um seine Kräfte zu erproben. Sie war ein Platz zum Kämpfen, zum Rauben. Sie war wie geschaffen für Kriegervölker, wie es die germanischen Stämme seit jeher waren.

Bild 1: Puente la Reina mit seiner romanischen Brücke. Wahrscheinlich die schönste am ganzen Jakobsweg. Hier verbindet sich der navarrischeund der aragonische Weg zum Camino Francés.

Terra de Estella, den 10. April 2002

Wanderung durch hügeliges, meist mit niederem Gebüsch bewachsenem Land. Streckenweise verläuft der Jakobsweg auf alten Römerstraßen, die noch recht gut erhalten sind. Sogar zweitausend Jahre alte Brücken sind noch intakt. Es ist ein merkwürdiges Gefühl der vielen Menschen zu gedenken, die im Laufe der Jahrhunderte über die Pflastersteine dieser Straßen geschritten sind. Römische Legionäre, Westgoten, Vandalen und Sueben, die Mauren, Karl der Große mit seinem Heer, mittelalterliche Jakobspilger... Wie Staub vom Wind sind ihre Namen längst verweht, untergesunken im Meer der Zeit.

*

Fünfzehn bis zwanzig Kilometer legte eine römische Marschkolonne auf diesen Straßen am Tag zurück. Das war in etwa die Entfernung, die auch ich heute zurücklegte. Zum ersten Mal machten mir meine Füße heute zu schaffen. Auf dem unebenen Pflaster bildeten sich innerhalb von wenigen Stunden dicke Blasen. Doch sind ja die Erfahrungen, die wir unter Mühen und Schmerzen gewinnen die wertvollsten. Vor Terra de Estella, dem heutigen Ziel, führte der Weg an großen, blaublühenden Lilien vorbei, die im feuchten Bachgrund wuchsen. Die Stadt selbst erreichten wir bei Regen. Vorbei an der Kirche, mit ihrem schönen gotischen Portal, und dem darüber thronenden Dominikanerkloster, kamen wir in die Altstadt, wo die Pilgerherberge liegt. Dort, am Empfang, bewunderten wir die Fotografie dreier Jakobspilger aus der

19

zweiten Hälfte des neunzehnten Jahrhunderts. Mit ihren schweren Filzmänteln und ihren langen Bärten hatten sie wahrlich ein wildes Aussehen. H. , die mich ein Stück des Weges begleitet und einige Zeit in Indien verbracht hat, meinte die Gestalten auf dem Foto erinnere sie an die dortigen Sadhus.

*

Auf dem Weg nach Santiago befinden sich auch zwei junge Spanier, die wir fast allabendlich in den Herbergen und öfters auch unterwegs auf der Strecke treffen, da sie in etwa die selben Tagesetappen laufen, wie wir. Sie sind trotz des Regens und relativ kühler Temperaturen nur mit kurzen Hosen bekleidet. Die Abende, bis zu der Stunde, wenn die Herbergen schließen, verbringen sie in den umliegenden Kneipen. Dann, in der Nacht, veranstalten sie ein Schnarchkonzert von außerordentlicher Lautstärke und einer ebensolchen Ausdauer. Letzte Nacht, in Puente la Reina, nahmen die Hälfte der Leute im Schlafraum, in dem die Spanier und auch ich übernachteten, ihre Matratzen unter dem Arm und zogen es vor, draußen auf dem Gang zu schlafen. Ich selbst bekam von dem nächtlichen Aufruhr allerdings gar nichts mit. Wenn ich einmal schlafe, schlafe ich tief und fest und bin so leicht nicht mehr zu erwecken. Ich war nur ziemlich erstaunt, als ich am nächsten Morgen erwachte und die Hälfte der Leute, samt Matratzen, fehlten.

Los Arcos, den 11. April 2002

Marsch durch weite Hügellandschaften. Kaltes, launisches Aprilwetter. Regen und Schnee wechselten einander ab. Weiß glänzten die Anhöhen ringsumher durch den dichten Nebel. Die Wege waren von dem ständigen Niederschlägen schlammig und aufgeweicht. Wie Bleigewichte, schwer und träge, hängte der

Morast sich an den Schuhen fest. Nach einiger Zeit des Marschierens gerät man in einem seltsamen, traumartigen Zustand, gemischt aus Erschöpfung und einer meditationsähnlichen Leere. Dann tauchen die Gedanken in ungeahnte Tiefen hinab und kehren oft unvermittelt mit ungeahnten Schätzen an die Oberfläche des Bewusstseins zurück.

Viana, den 12. April 2002

Heute ist es bedeutend wärmer als gestern. Die Hügel werden allmählich sanfter. Die Landschaft wird lieblicher. Weingärten und Spargelfelder bestimmen das Bild. Außerdem wachsen hier schon Pfirsichbäume und sogar eine einzelne, doch abgestorbene Palme, neben einer verfallenen Finca, fügt sich in die südländische Vegetation ein. Wir nähern uns der Rioja. Während des gleichmäßigen Gehens dachte ich über das Archetypische, das überall und zu allen Zeiten Geltende, einer solchen Pilgerschaft nach. In allen großen Weltreligionen findet sich ja die Idee der religiösen Reinigung und Übung im Unterwegssein. Die Ziele sind gegenüber der Grundidee vielleicht sekundärer Natur. Mögen sie nun Mekka, Kailas, Fudschijama, oder eben Santiago de Compostela heißen. Ein gemeinsamer Nenner ist allen Religionen eigen. Im Weg, im fernen, verheißungsvollen Ziel, in der seelischen Reinigung durch körperliche Anstrengung, verkörpert sich überall die Idee religiöser Pilgerschaft. Und in diesem Sinne wird dann die Pilgerschaft Gleichnis für die Lebensreise an sich. Denn ist letztere für den geistig wachen Menschen nicht fortwährend das, was die Pilgerfahrt für den Pilger zeitlich begrenzt, für die Dauer seiner Reise, ist? Ein stetiges Bemühen auf ein fernes Ziel hin, Katharsis und Umbildung der Seele im Erleben und im Bewusstwerden. Und dann die Glücksstunde, in der das fortdauernde Bestreben im Ziel seine Erfüllung findet! Und das letzte unserer Ziele, das Ende all unserer Anstrengungen, wird einstmals die Todesstunde sein. Jene

letzte Erfüllung. Und vielleicht dürfen wir auch dann das Glück
des Ankommens, der Erfüllung all unserer Anstrengungen kosten.

Nájera, den 13. April 2002

In der Altstadt von Nájera schlafen wir in einem alten Gebäude,
dessen Ursprung bis in das elfte Jahrhundert zurückreicht. Wohl
einst Teil des Klosters Santa María la Real, übernachten jetzt die
Jakobspilger hinter den dicken, mittelalterlichen Mauern. Gleich
dahinter ragt ein rötliches Sandsteincliff turmhoch in den kalten,
dunklen Aprilhimmel. Dort, und auch auf manchen der umliegenden Kirchtürme sitzen unzählige Störche.

Die Übernachtung in der Albuerge kostet nichts. Lediglich ein
freiwilliger Obolus kann entrichtet werden. Ein kleiner, alter
Mönch kümmert sich um die Pilger. In der Frühe, wenn alle noch
schlafen, ist er schon wach und bereitet für uns ein einfaches Früh-
stück, aus Kakao, Kaffee und Keksen. Auch ist er bemüht jeden
Weiterziehenden mit einen „Bon Camino" zu verabschieden. Das
Evangelium des Dienens, der Bedürfnislosigkeit, der Nächstenliebe – das sind Edelsteine in den Fundamenten, auf denen die
Kirche gründet.

Santo Domingo de la Calzada, den 14. April 2002

Das Evangelium des Dienens – immer wieder vermag es, selbst
heute in dürftiger Zeit, ganze Vitae mit Sinn und einer Aufgabe zu
erfüllen. So wie vor fast tausend Jahren auch, die des Santo
Domingo de la Calzada, der von 1019 bis 1109 lebte und nahe des
Städtchens, in dem wir heute übernachten und das nach ihm
benannt wurde, ein Leben als Eremit führte. Doch begnügte er sich
nicht lange damit in die Wälder zu ziehen und in der Einsamkeit

22

Gott zu suchen. Bald war er von einer Idee, vom Evangelium des Dienens besessen. Er würde den Menschen dienen, mit all seinen Kräften. Und am Jakobsweg waren es eben die Pilger, die in jener Zeit schon in Massen nach Santiago strömten, denen bei ihrem Durchzug geholfen werden musste.

Die Wege waren schlecht. Also baute der Heilige gepflasterte Landstraßen und Brücken über die Flüsse. Viele von den Pilgern wurden auf der langen, beschwerlichen Reise krank. Also versorgte er sie und baute ein Hospiz nahe dem Übergang über den Rio Oja, eben da, wo sich heute das Städtchen Santo Domingo de la Calzada befindet.

Santo Domingo, der Pionier der Hilfsbereitschaft am Jakobsweg, lebte in einer Zeit, in der die christlichen Ideen in allen Schichten der Gesellschaft, in allen Völkern Europas vorherrschend waren und die Menschen im Guten wie im Schlechten zu gewaltigen Anstrengungen antrieben. Es war eine Zeit des Umbruchs und des Aufbruchs. Um das Jahr eintausend, neunzehn Jahre vor seiner Geburt, war über Europa eine religiöse Massenhysterie hereingebrochen. Man erwartete allgemein für die Jahrtausendwende den Weltuntergang und das jüngste Gericht. Doch die Welt ging nicht unter. Die Geschichte schritt voran. 19 Jahre vor Santo Domingos Tod wird Bernhard de Clervaux geboren. Neun Jahre später eroberten die ersten Kreuzfahrer Jerusalem. Die Kultur des christlichen Abendlandes beginnt sich zu wandeln. Grundsteine werden gelegt für den Aufbruch in eine noch ungewisse Zukunft. Die Bevölkerung wächst. Durch Rodung und Urbarmachung wird mehr und mehr Ackerland gewonnen. Aus Wildnis wird Kulturlandschaft. Die romanische Baukunst bringt Gebäude von einer Größe hervor, wie sie das Abendland seit dem Untergang des römischen Reiches nicht mehr gesehen hat. Auch in Santiago de Compostela beginnt man in jener Zeit mit dem Bau einer großen, romanischen Kathedrale (1075). Die Reconquista, der christliche

Rückeroberungsfeldzug gegen die Mauren in Spanien, zeitigt erste größere Erfolge. So erobert Alfons VI von Kastilien 1085 Toledo. Dort übersetzt man dann die wissenschaftlichen Werke der Araber, die das Wissen des antiken Griechenland in ihren Schriften bewahrt und zum Teil fortentwickelt hatten, ins Lateinische und erhält so entscheidende Anregungen in Physik, Astronomie, Mathematik und anderen Wissenschaften. In diese Zeit der Umbrüche und Aufbrüche also wird Santo Domingo hineingeboren und wird bereits in jungen Jahren Eremit.

Das Eremitentum, das gerade im 11. Jahrhundert einen ersten Höhepunkt erreichte, verweigerte sich diesen geschichtlichen Umbrüchen auf eine ganz persönliche, unpolitische Weise. Denn nicht politische oder religiöse Veränderungen, die in jener Zeit unentwirrbar miteinander verquickt waren, strebten Männer wie Santo Domingo de la Calzada an. Ihr Schutzpatron war nicht Petrus, der Fels der Kirche, sondern der Heilige Antonius, ein Eremit in Wüste und Wildnis, wie sie. Sie stellten sich bewusst außerhalb der Gesellschaft. Ihre „fuga mundi", ihre Weltflucht, war eine Totalverweigerung. Sie gingen in die Wälder um sich ganz Gott zu weihen und damit letztlich ganz sich selbst zu gehören. Denn ihr Rückzug aus dem Leben, ihre Flucht vor der Masse, ermöglichte es ihnen zugleich durch Einkehr in sich selbst, durch Introversion, die Wahrheit im eigenen Inneren zu suchen (wenn sie sich auch dessen selten bewusst waren und das eigene Innere in Form von Engeln und Dämonen nach Außen projizierten). In den Kathedralen suchten die Menschen des Mittelalters ein Abbild des himmlischen Jerusalems auf Erden zu schaffen. Die Eremiten versuchten das himmlische Jerusalem in ihrem eigenen Inneren zu errichten. Doch wo Licht ist, da ist auch Schatten. Die Schatten, die den Eremiten bedrohten, wohnten in dessen eigener Seele. Denn der Gefahr, sich im Dunkel, in den Labyrinthen der Seele zu verirren, ist gerade der Einsame, der den Mut findet ohne die Stütze der Gesellschaft auszukommen, in besonderem Maße ausgesetzt.

Der Eremit ist eine mächtige und uralte Gestalt. Der weise, alte
und zauberkundige Mann, der in Höhlen oder Wäldern lebt, tritt
überall und zu allen Zeiten in den verschiedensten Kulturen zu
Tage. So ist es nicht verwunderlich, dass Einsiedlern wie Santo
Domingo im Mittelalter von breiten Bevölkerungsschichten
Verehrung und Ehrfurcht entgegengebracht wurde. Für das Volk
waren sie weiße Magier, die in der Lage sind Dämonen auszu-
treiben und Besessene zu heilen. Sie waren geistige Lehrmeister
für jeden, der sich an sie wendet. Zu ihnen kamen die seelisch
Bedrängten, die Schuldbeladenen, die Kranken in der Hoffnung
auf Heilung. Er findet Eingang in Literatur und bildender Kunst
des Mittelalters. Dort tritt er uns barfuß und in ärmlicher Kleidung
entgegen. Oft ist er sogar in Tierfelle gekleidet, was seine
Vertrautheit mit dem Leben in den wilden, von Bären und Wölfen
belebten Wäldern versinnbildlichen soll. Unerlässliches Attribut ist
auch der Pilgerstab in Form eines griechischen „Tau", der der Stab
des fahrenden Volkes ist, zugleich aber auch Zauberstab und
Zeichen des Heils. Einen solchen Stab trägt auch die Figur des
Santo Domingo de la Calzada in der Kathedrale des Erlösers zu
Santo Domingo. Zu Füßen des Heiligen zwei Hühner, die ihm als
Attribut beigeordnet sind, wie etwa der heilgen Kunigunde die
Pflugscharen oder dem heiligen Georg der Drache. Und wie
bei diesen spielen diese Attribute auf eine Wundergeschichte an,
die der Heilige bewirkt haben soll.

Es geht dabei um einen gewissen Hugonell, die Hauptfigur des
kleinen frommen Dramas. Jung, blond gelockt und aus dem
Rheinland stammend, geht auch er eines Tages, wie so viele in
jener Zeit, mit seinen Eltern auf die Pilgerfahrt nach Santiago
de Compostela. Vielleicht über Metz, Verdun, Vezelay, Limoges
und Saint-Jean-Pied-de-Port waren sie nach Spanien gelangt. Das
wäre zumindest die direkteste und kürzeste Verbindung vom Rhein

in den Norden Spaniens gewesen. Wie lange waren sie damals schon unterwegs, bis sie in Santo Domingo de la Calzada ankamen? Wenigstens zwei Monate; das dürfte eine realistische Schätzung sein. Eher zweieinhalb, rechnet man die Beschaffenheit der mittelalterlichen Wege hinzu. Wenn man annimmt die Pilgerfamilie wäre zu beginn des Frühlings, so um Ostern herum, zu ihrer Fahrt aufgebrochen, so wären sie Mitte, Ende Juni in Santo Domingo angekommen. Hier nun quartierten sie sich in eine Herberge ein, um zu rasten. Dort aber traf Hugonell auf eine junge Magd und das Schicksal nahm seinen Lauf. Der Jüngling gefiel der Magd. Blond und jung, wie Hugonell war, verliebte sie sich sogleich in den schönen Fremden. Sie stellte ihm nach. Vielleicht gelang es ihr, ihn in ihre Kammer zu locken. Hier nun versuchte sie ihn zu verführen. Vielleicht schmiegte sie sich an ihn, legte seine Hände auf ihre Brust und begann schon die Bänder zu lösen, die ihr Kleid zusammenhielten. Nur so, direkt und unmiss-verständlich, kann man sich das attraktive Angebot vorstellen, das die Magd dem Jüngling laut Legende gemacht haben soll. Denn gesprochen werden die beiden kaum viel miteinander haben. Der Jüngling mit seinen Eltern scheint nicht zu den Bettelpilgern gehört zu haben. Vielleicht war er auch bis zu einem gewissen Grade gebildet, konnte ein wenig Latein. Spanisch, oder besser Kastilisch, das hier gesprochen wird, wird er wohl nicht beherrscht haben. Und die Magd wiederum wird wohl kaum Latein und schon gar nicht Deutsch gekonnt haben. Wie dem auch sei. Hugonell stieß die Magd zurück. Vielleicht hatte er, wie so viele, vor der Fahrt ein Keuschheitsgelübde abgelegt. Hätten die Beiden die selbe Sprache gesprochen, hätte Hugonell die Sache der Magd wohl erklären und sich diplomatisch aus der Affäre ziehen können. So aber wird er sie wortlos zurückgestoßen haben, um dann verwirrt aus ihrer Kammer zu flüchten. Der verletzte Stolz der Magd aber sann auf Rache.

Am nächsten Morgen zieht die Familie weiter. Doch bald werden sie von den Häschern des Gouverneurs aufgehalten und des Diebstahls beschuldigt. Man durchsucht ihr Gepäck. Und tatsächlich – in Hugonells Bündel findet sich ganz zuunterst ein silberner Becher, den er gestohlen haben soll. Die Sache kommt vor Gericht. Vergeblich beteuert Hugonell seine Unschuld. Er wird abgeurteilt und wenig später gehenkt.

Es wird berichtet, dass die Eltern, nach dem Tod ihres Sohnes den Weg nach Santiago fortgesetzt haben sollen. In welcher geistigen Verfassung mögen sie sich befunden haben? Haderten sie mit dem Schicksal? Aber im Mittelalter gab es das anonyme Schicksal in der Form, wie es uns heutigen geläufig ist noch nicht. Alles was den Einzelnen zustieß, war Teil der göttlichen Vorsehung. Haderten die Eltern von Hugonell also mit Gott? Der unschuldige Sohn ward gehenkt. War das noch der liebende Gott des neuen Testamentes oder der alte zornige Jahwe, der Hiob auf Grund einer Wette mit den Satan in den Staub tritt? Doch leider treten uns die Eltern in den Überlieferungen nur holzschnittartig entgegen. Von ihren Gefühlen, von ihrer Einstellung dem gegenüber, was ihnen widerfahren ist, vermeldet die Legende nichts. Nur dass sie ohne weitere Zwischenfälle in Santiago ankamen wird berichtet. Dort werden sie eine Kerze für Hugonell angezündet und zum heiligen Jakobus für sein Seelenheil gebetet haben. Dann machten sie sich auf den Heimweg. In Santo Domingo de la Calzada wollten sie noch einmal die Richtstätte besuchen, an der ihr Sohn gestorben war und für ihn beten. Aber, o Wunder, der totgeglaubte lebte noch, hing noch immer am Galgen. Der heilige Dominikus, der *sanctus loci,* habe ihn gestützt, berichtete er den erstaunten Eltern. Nun aber sei es Zeit ihn vom Galgen zu nehmen. Aufgeregt liefen die Eltern zum Gouverneur und berichteten was sie gesehen hatten. Der Gouverneur aber, der gerade bei Tisch saß, glaubte den Bericht der Eltern nicht: „Was erzählt ihr da für einen Blödsinn. Euer Sohn ist ebenso tot wie diese gebratenen Hühner hier, die vor mir auf dem Tisch liegen."

Kaum aber hatte er diese Worte ausgesprochen, da wuchsen den Brathühnern neue Federn und sie flogen, wieder lebendig geworden, vergnügt zum Fenster hinaus in die Freiheit. Dieses Wunder, von Santo Domingo bewirkt, der eben deshalb seither in der Kunst mit zwei weißen Hühnern zu seinen Füßen dargestellt wird, war ein Gottesurteil, durch das nach mittelalterlichem Recht die Unschuld des Angeklagten bewiesen war. Hugonell wurde vom Galgen genommen. Dafür wurde die Magd gehenkt, die Hugonell denunziert hatte und die nach der damaligen Auffassung allein durch das Gottesurteil der Falschaussage überführt war. Im Empfinden der Menschen hatte die Gerechtigkeit durch das Eingreifen des Heiligen gesiegt.

So viel zu der Legende wie der heilige Domingo einen unschuldig Gehenkten errettet, die allerdings auch noch in anderen Versionen existiert. So wird die Errettung des Hugonell manchmal auch dem heiligen Jakobus selbst oder der Jungfrau Maria zugeschrieben. Doch sei hier genug von den Wundertaten des Santo Domingo berichtet. Ich muss noch einmal auf sein Eremitentum zurückkommen. Besser auf die Erscheinung des Eremitentums im Allgemeinen. Bislang haben wir versucht dieses aus größtmöglicher Nähe, gewissermaßen aus der Froschperspektive des Mittelalters heraus, zu betrachten. Die damalige Psychologie, so weit wir heutigen sie nachvollziehen können, war bis hierher unsere Grund- und Ausgangslage. Nun wollen wir diese Erscheinung einmal aus dem Abstand der Jahrhunderte betrachten. Kann uns die Vita eines Eremiten wie die des Santo Domingo de la Calzada auch heute noch etwas bedeuten, etwas sagen? Oder mit anderen Worten: Was bedeuten eremitische Ideale in unserer Zeit? Wüsten im nahen Osten, Wälder in Europa – jedenfalls Wildnis, menschenleere Gebiete, das waren die Wohnstätten der Eremiten, die Orte seines Kampfes und seiner Versuchungen. Wenn auch die Isolation selten vollständig war, wie im Fall des heiligen Antonius, so war doch eine gewisse physische Abgeschiedenheit vom

Getriebe der Welt unablässige Grundlage für die Innenschau, Selbstfindung, Gottsuche des Eremiten. Adepten von geringerer geistiger Substanz hingegen konzentrierten sich auf den gesellschaftlich relevanten Aspekt des Eremitentums. Sie verneinten die weltliche Gesellschaft indem sie in einen Freiraum außerhalb der Gesellschaft, in die Wildnis, zogen. Falls sie nicht noch mehr waren, nämlich Abenteurer der Seele, waren die Eremiten, modern gesprochen, Anarchen. Sie bekämpften die bestehende Ordnung nicht. Nichts wäre ihnen ferner gelegen. Doch kehrten sie dieser Ordnung den Rücken, verweigerten sich ihr. Und das mit einer Totalität, wie es heute kaum mehr möglich scheint. Dass sie trotzdem in das religiöse System des Mittelalters integriert waren und dort sogar eine nicht unbedeutende Rolle spielten, steht auf einem anderen Blatt und ändert nichts an der grundsätzlichen Verweigerungshaltung, die die Idee des Eremitentums beinhaltet. Wüste also, Wälder – Wildnis in jeden Fall; die Isolation im Naturraum, dies war die Grundlage des Eremitentums. Doch diese Naturräume gibt es nicht mehr. Die europäischen Urwälder des Mittelalters sind parzellierten Park- und Holzwirtschaftskulturen gewichen. Kein Wolf, kein Bär durchstreift mehr den heutigen Wald, der nurmehr wie von Ferne an die alten Zufluchtsstätten der Eremiten erinnert. Und würde es tatsächlich einem heutigen einfallen, in irgendeiner Höhle im Wald leben zu wollen, so wäre er zunächst belächeltes Kuriosum für Touristen und dann ein Fall für den Psychiater.

Anders steht es mit der Wüste, der zweiten, großen Zufluchtsstätte der Eremiten. Sie hat weitaus weniger von ihrer Naturmacht verloren als die mitteleuropäischen Wälder. Sie ist auch heute noch eine große, menschenfeindliche Wildnis. Ihr ewiges Schweigen fordert noch immer Antwort in der Seele des Menschen. In ihr wäre der Eremit noch immer, wie vor tausend Jahren, allein mit sich und Gottes Offenbarung.

Das ist aber auch schon alles. Er wäre auch dort nicht mehr, wie im Mittelalter, eine mächtige Figur, eine archetypische Gestalt, die die Menschen beeindruckt und bewegt, vielleicht sie sogar in ihrem Innersten verändert, sondern nicht viel mehr als ein Anachronismus, ein Kuriosum. Und letztlich kommt es auch gar nicht darauf an, eine alte, abgelebte Form eines im Innersten noch immer mächtigen Archetypus in eine neue Zeit hinüber zu retten, sondern darauf, festzustellen in welcher Form dieser Archetypus, der ja, wie alle Archetypen, prinzipiell unsterblich ist, heute, in dieser Zeit, in Erscheinung tritt. Wo also lässt sich die Figur des Eremiten in Zeiten leerer Transzendenz, in denen wir uns zweifelsohne heute befinden, antreffen?

Das man ihn dann überhaupt antreffen soll, und ich meine als moderne Gestalt und nicht als Anachronismus, scheint an und für sich schon ein Paradoxon zu sein. Zeichnet es nicht gerade den Eremiten aus, dass er sich von den Menschen abwendet, um sich Gott zuwenden zu können? „Gott ist tot" – Das konstatierte Nietzsche schon vor mehr als hundert Jahren. Und das klingt wie der antike Ausspruch: „Der große Pan ist gestorben", der in der Morgendämmerung des Christentums die Runde machte.
Und ebenso wie dieser gibt der Spruch Nietzsches Antwort auf eine Zeit des Umbruchs, in der Altes dahinwelkt und untersinkt und Neues erst unklar zu erkennen ist. Vielleicht wäre es treffender gewesen zu sagen, Gott hat sich zurückgezogen. Denn der eigentliche Vorgang, der festzustellen ist, ist der, dass Gott sich von einer konkreten, allgegenwärtigen Gestalt zu einem unerkennbaren, nebulösen Etwas gewandelt hat. Man ist versucht ihn ins Neutrum zu setzen. „Das Göttliche" – das fließt uns heute leichter aus der Feder als „Gott". Seit Kant wissen wir, dass unsere Vernunft nicht in den Berreich der Transzendenz vorzudringen vermag. Doch machen die metaphysischen Spekulationen, die sich für Wahrheit halten, dann nicht, wie Kant meinte, dem Glauben platz, sondern dem Zweifel. An die Stelle des Ritus und des

Dogmas, tritt die Suche. An die des Gottesdienstes, die einsame, eremitenhafte Meditation und das geistige und körperliche Abenteuer. Und an diesem Punkt tritt uns jetzt das uralte Symbol des Eremiten in moderner Gestalt entgegen. Sucher in der Einsamkeit des Selbst ist auch heute noch der Mensch, der sich nicht durch Vermassung, Informations- und Bilderflut, diese modernen Schleier der Maya, in den Netzen der Oberflächlichkeit gefangen halten lässt. Diesen Idealen der Masse, dem perspektiv-losen Materialismus unserer Zeit, muss sich der Suchende heute verschließen, so wie sich der Eremit des Mittelalters den damaligen Massenidealen verschloss. Und dafür bedarf es keiner Wüsten und Wälder. In den Tarotkarten tritt uns der Eremit als handgreifliches Symbol entgegen. In einer Hand trägt er den Wanderstab, in der anderen eine Laterne, die das Dunkle ringsumher in ein kristallines Licht taucht. Und auf ewiger Wanderschaft sind auch wir. Wir modernen Eremiten. Wir, die wir die Ideale der Masse nicht zu teilen vermögen. Und nur das Licht, das wir in Stille und Einsamkeit in unserem Inneren zu entzünden vermögen, kann den unbekannten Pfad, der in die Zukunft weist, erleuchten. Denn die Zukunft wird nicht gedacht. Sie wird geträumt.

Belorado, den 15. April 2002

Es ist noch immer lausig kalt. In Viloria de Rioja halten wir Mittagsrast. Auf einer Bank unter alten, noch immer winterkahlen Bäumen, essen wir Brot, Käse und Oliven. Wir wandern seit Pamplona in einer Dreiergruppe. Schorsch, aus Regensburg, ist zu uns gestoßen. Der singt unterwegs lateinische Choräle und hat ein hervorragendes Gespür, wenn es gilt, irgendwo eine gute Flasche Wein aufzutreiben. Überhaupt sorgt er sich stets um sein eigens und nebenbei auch um unser leibliches Wohl. Auch jetzt stammt das Meiste unseres Mittagessens aus seinen Vorräten. Wir

31

rasten nicht lange. Bald treibt uns die Kälte weiter. Die Etappe heute ist anstrengend. Zum Teil läuft man direkt auf der viel befahrenen Landstraße N 120. Aus der Perspektive des Fußgängers, noch mehr aus der des Pilgers, der ja seine Ursprünge in der Zeit des langsamen Reisens hat, wird einem die Aggressivität des modernen Verkehrs überdeutlich bewusst. Man nimmt die vorbeirasenden Autos unmittelbar als Gefahr wahr. Zudem spürt man wie sehr eine solche Straße und der darauf rollende Verkehr eigentlich ein Fremdkörper in der Landschaft ist.

*

Am Ziel unserer heutigen Etappe standen wir zunächst vor verschlossenen Türen. Die Pilgerherberge wird gerade renoviert. Doch kamen schließlich in einer Garage unter, in der Feldbetten aufgestellt worden waren. Sie wird übrigens, wie wir erfahren haben, auch im Sommer, wenn die Kapazität der eigentlichen Herberge für die anschwellenden Pilgerströme nicht mehr ausreicht, als Unterkunft genutzt. Die Betongruft ist schmutzig, dunkel und kalt. An Duschen war heute nicht zu denken. Wir trösteten uns mit einer guten Flasche Rioja-Weins über solche Misslichkeiten hinweg.

San Juan de Ortega, den 16. April 2002

Am Morgen liegt Reif auf den Wiesen. Dafür ist der Himmel zum ersten Mal seit wir auf dem „Camino" unterwegs sind, klar und blau. Nach den kühlen Morgenstunden beginnt die Sonne sogar ein wenig zu wärmen. Es geht heute über das hügelige Bergland der Montes de Oca. Eichen-, Kiefern-, und Kastanienwälder überziehen das Hochland bis zum Horizont. Aber das frische Laub des Frühlings lässt auch hier noch auf sich warten. Es ist einfach noch zu kalt. Die Berge der Sierra de la Demanda im Süden sind denn

auch immer noch von einer dicken Schneekuppe bedeckt, die in der klaren Luft kristallisch herüber leuchtet. Große Probleme bereiten mir heute die Blasen an den Füßen, von denen ich mir mittlerweile schon etliche gelaufen habe. Besonders nach Pausen ist es während der ersten Minuten des Weitermarsches ein Gefühl, als würde man auf glühenden Kohlen gehen. Auch das Compeed-Blasenpflaster bringt nur mehr wenig Schmerzlinderung. Die Blasen haben sich prall mit Flüssigkeit gefüllt. Ich traue sie mir aber nicht aufzustechen, was ich sonst immer in solchen Situationen getan habe, da auf dem Camino einige Gräuel -geschichten, dieses Thema betreffend, in Umlauf sind.
So hörte ich von Pilgern, bei denen sich, nach dieser kleinen Operation, die Haut abgelöst haben soll und sie von da an auf dem rohen Fleisch weiterlaufen mussten. Ich habe auch von einem Fall gehört, bei dem dann Schmutz in die offene Wunde geraten ist und eine Sepsis die Folge war. Ich tröste mich über die Schmerzen mit dem Gedanken an die mittelalterlichen Pilger hinweg, die sicher noch schlimmere Strapazen durchstehen mussten.

*

Am späten Nachmittag Abstieg in eine Senke mit grünenden Weizenfeldern. In den nahen Wäldern ringsumher künden Kuckucksrufe vom Frühling, der in den tiefer gelegenen Gebieten nun doch allmählich die Oberhand zu gewinnen scheint. Der staubige „Camino" führt schließlich in ein kleines Dörfchen mit schiefen, mittelalterlich anmutenden Bauernhäuschen, die sich wie Junge um die Zitzen der Mutter, um ein großes Kloster scharen – San Juan de Ortega.

Erinnerungen an den Film „Der Name der Rose" werden wach. Es ist als wäre für Augenblicke ein Zeitriss entstanden, durch den das Mittelalter in unsere heutige Zeit herüber strahlt. Ein ähnliches Gefühl hatte ich zuvor nur in Florenz, wo es schien, als wollten sich die Gestalten der Renaissance jeden Augenblick aus der noch immer lebendig scheinenden Matrix der Historie neu materialisieren. An manchen Orten scheint der Geist einer vergangenen Epoche bis in die Gegenwart nachzuwirken. Dann überlagern sich die Zeiten, so wie bei einer defekten Optik Nah und Fern, was zu einer seltenen und interessanten Verschiebung der gewohnten Wahrnehmung führt. Die Dinge und Orte treten mit einem Male nicht nur in ihrer logischen, sondern vor allen in ihrer zeitlichen Doppeldeutigkeit in Erscheinung.

*

Hinter den mittelalterlichen Mauern des Klosters San Juan de Ortega, die die Kälte des Winters gespeichert hatten, so dass man in eine Eisgruft zu treten meinte, befand sich auch der Schlafsaal und die Waschräume für die Jakobspilger. Da ich gestern in der Notunterkunft in Belorado keine Gelegenheit gefunden hatte mich zu waschen, war nun das Bedürfnis nach einer warmen Dusche, trotz der Kälte der Räume, recht groß. Leider gab es aber kein warmes Wasser; vielmehr sprühte aus dem Duschkopf Eiswasser auf mich herab, welches direkt den Schmelzzonen eines Gletschers entnommen schien. Immerhin hatte diese Eisdusche den Vorteil, dass sie so erfrischte und entspannte, dass ich mich danach fit und munter wie selten zuvor fühlte. Und da heute die Sonne zum ersten Mal richtig wärmte, konnte ich mich danach auf eine Bank vor dem Kloster setzen und mir die halb erstarrten Glieder wieder auftauen lassen.

*

Danach Besuch der Abendmesse in der Klosterkirche. Hinter dem Altar ein kleiner, alter Priester, der wirkte, als hätte ihn die Kälte der Klostermauern ausdorren und schrumpfen lassen. Der Altar war von beinahe materiell wirkenden Lichtbündeln umflutet, die

die Abendsonne durch die Glasfenster wie durch Brenngläser in das Innere der Kirche warf. Dazu das Spanische, in dem die Messe gehalten wurde. Im Gottesdienst trat die Verwandtschaft mit dem Lateinischen besonders deutlich zu Tage. Hier, an diesem Ort, spürte ich viel vom Ernst und von der Feierlichkeit der alten Sprache in ihrer Tochter nachschwingen.

*

Nach der Messe wurde das kleine Häufchen Pilger von dem Priester zu einer Abendvesper in das Refektorium eingeladen. Es gab Zwiebelsuppe, Brot und Rotwein. Ein Mahl, mit dem hier vielleicht schon im Mittelalter die durchziehenden Pilger bewirtet wurden. Das einfache Abendessen, das im Übrigen hervorragend schmeckte, wurde von dem kleinen Priester persönlich ausgeteilt. Nach dem Essen boten drei Spanier, die ebenfalls auf dem „Camino" unterwegs waren, ihre Sangeskünste dar. Im tiefsten Bass sangen sie spanische Lieder, in denen sich ebenso der Stolz und die Leidenschaft der Spanier ausdrückte, wie etwa in den Liedern der Russen eine undefinierbare Sehnsucht und Traurigkeit.

*

Danach wärmten wir uns noch ein wenig in der Dorfkneipe auf. Neuigkeiten machten die Runde. Der „Camino" fordert seine Opfer. Bei dem Versuch die Pyrenäen zu überqueren erfror dieser Tage ein Pilger, der sich bei starken Schneefall in den Bergen verirrt hatte. Andere kommen mit leichteren Blessuren davon, müssen aber nichts desto Trotz den Weg abbrechen. So ist etwa Sehnenscheidenentzündung eine häufige Ursache, für den vorzeitigen Abbruch der Pilgerreise. Mit Blasen an den Füßen hat fasst ein jeder zu kämpfen. Gewundert hätte es mich auch nicht, wenn ich von Verkehrsopfern unter den Pilgern gehört hätte. Einige Abschnitte des Camino de Santiago, des Jakobswegs, decken sich nämlich mit viel und schnell befahrenen Autostraßen. Wenn die Fahrer auch, wie bei uns vor Wildwechsel, mittels besonderer Verkehrsschilder, vor den Pilgern gewarnt werden, so erscheint mir die Gefahr eines Unfalls doch nicht unerheblich zu sein.

*

In Gesprächen versuche ich herauszufinden, warum man heute die Gefahren und Strapazen dieses alten Pilgerweges auf sich nimmt. Die Antworten sind nicht eindeutig und zeigen eine breite Palette an Beweggründen auf. Da gibt es jene, für die das Wandern Hauptgrund ist und die auch zu Hause, das ganze Jahr über, viel zu Fuß unterwegs sind. Warum also nicht einmal auf dem Jakobsweg wandern, der schließlich gut ausgeschildert ist und der durch Mittelgebirgslandschaften führt, die für das Wandern wie geschaffen scheinen? Für Andere spielt auch das kulturhistorische Erbe, für das der Jakobsweg steht, eine große Rolle. Schließlich ist der Camino de Santiago als Ganzes von der UNESCO als Welt-kulturerbe ausgewiesen und das Mittelalter manchmal tatsächlich wie mit Händen greifbar. Auch eine gewisse Abenteuerlust mag bei manchen eine Rolle spielen. Bis zu welchem Grad spirituelle oder religiöse Beweggründe für den Einzelnen eine Rolle spielen, lässt sich am schwersten Beurteilen. Darüber herrscht schweigen; oder es sind nur vage Äußerungen zu vernehmen. Vielleicht auch deshalb, weil heute für die Masse der Menschen die Glaubens-dinge tatsächlich zu etwas Vagem, Unsicheren, Nebulösen, geworden sind. Daher dann auch die natürliche Scheu, sich über Dinge zu unterhalten, über die man eigentlich schweigen sollte, weil sich nichts beweisen lässt und nichts als sicher gelten kann. Aus anderen und sehr verständlichen Gründen, wird auch über Dinge geschwiegen, die, katholisch gesprochen, in den Bereich des Beichtgeheimnisses fallen. Immerhin lässt sich durch bestimmte Äußerungen doch darauf schließen, dass so mancher durch ein schlechtes Gewissen auf Weg und Suche getrieben worden war. Ich kann und will hier nicht ins Detail gehen. Vielleicht nur ein einziges Beispiel. Eine Frau pflegte jahrelang ihre kranke, hilfsbedürftige Mutter. Irgendwann ist diese dann gestorben. Aber außer Trauer fühlt die Frau noch so etwas wie Erleichterung über den Tod ihrer Mutter, wie sie sich eingestehen muss. Schließlich brachte die Pflege sie selbst an den Rand ihrer Kräfte. Die Beunruhigung des Gewissens in solchen Fällen, die oft in keinem Verhältnis zu dem Begangenen Unrecht steht, ist keine bloße Übertreibung. In solchen Fällen werden wir nämlich an einen tiefen Abgrund herangeführt, der in jeder menschlichen Brust lauert und stets bereit ist unsere Persönlichkeit zu verschlingen. Man fühlt dann, dass man noch zu ganz anderen Dingen fähig wäre, wenn die Umstände es gebieten würden. Man steht dann der Unzulänglichkeit, der verborgenen Boshaftigkeit in den Menschen und vor allem in einem selbst, nackt und ungeschützt gegenüber. - „Warum bist du so?" - Solche menschlichen Probleme sind zeitlos. Sie treffen im Fall des Jakobsweges auf ein uraltes Rezept, wie der Mensch damit umgehen kann. Wollte man diese uralten Umgangsformen mit Schuld und Sünde, etwa im Zuge einer mechanistischen Psychologie, vorschnell verurteilen, würde man nur auf Grund engstirniger moderner Dogmen leichtsinnig ein lang erprobtes Mittel aus der Hand geben mit den Nöten und Ängsten der Seele umzugehen. Ein triftigerer Einwand wäre schon der, dass der Glaubenshintergrund des modernen Menschen ja ein vollkommenen anderer sei, als derjenigen Menschen, die in den Jahrhunderten lebten, in denen sich die Vorstellungen entwickelten, die mit solchen Pilgerfahrten verbunden sind. Den Pilgern im Mittelalter winkte in Santiago de Compostela, durch die Fürsprache des heiligen Jakobus, die Vergebung ihrer Sünden. Eine Pilgerfahrt wurde als so verdienstvoll angesehen, dass sie selbst relativ schwere Vergehen aufzuwiegen im Stande war. Ist es aber auch modernen Seelen noch möglich die Gnade der Sündenvergebung auf einer Pilgerfahrt zu empfangen? In wie weit können wir heute solche religiösen Vorstellungen akzeptieren, ohne uns der dogmatischen Engstirnigkeit oder der Frömmelei schuldig zu machen?

Der moderne Mensch steht der religiösen Sprache des Mittelalters im Allgemeinen verständnislos gegenüber. Er vermag einer Vorstellung, wie der, von der Vergebung der Sünden durch die Verdienste, die man sich auf einen Pilgerweg wie den Camino de Santiago erwirbt, allenfalls noch eine gleichnishafte Bedeutung zugestehen. Um solchen Aussagen neues Leben einzuhauchen sollten wir einmal versuchen, sie in eine modernere Sprache zu übersetzen. Dann allerdings wird die Sache plötzlich recht einfach, fast trivial. Der Begriff der Sünde etwa wandelt sich von einer äußeren Realität in eine subjektive Gewissensqual, die dann nurmehr zeitliche, keine überzeitliche Qualität mehr besitzt. Denn wer vermag heute noch definitiv an das Schreckgespenst einer ewigen Höllenverdammnis zu glauben, wie es Dante so anschaulich geschildert hat, wenn selbst viel grundlegenderen Dogmen, wie das von der Unsterblichkeit der Seele, den Heutigen allenfalls als unbeweisbare Hypothese gegenüber tritt? Als etwas, mit dem man unter Umständen zu rechnen hat, das aber keineswegs als Fixpunkt für ethisch-moralische Entscheidungen im hier und jetzt dienen kann. Ebenso gut ist es möglich, dass in der Vorstellung von unserem Dasein als komplexe, bio-physikalische Maschinerie alles das, was uns ausmacht, restlos enthalten wäre. Der moderne Geist spannt sich, oft fast bis zum zerreißen, zwischen unüberbrückbaren Paradoxien. Eine solch schizophrene Lage hat natürlich weitreichende Konsequenzen. Für den Menschen, der vermeintlich oder in Wahrheit Schuld auf sich geladen hat, und der uns hier allein interessiert, bedeutet es, dass auch die Sünde ihre Eindeutigkeit verloren hat. Unser Schuldempfinden fürchtet heute nicht mehr die Höllenstrafen im Jenseits, sondern im schlechten Gewissen tut sich in unserem Inneren die Hölle auf. Der dämonische Schatten in uns regt sich, wird uns mit

38

einem Male erst bewusst. Schwindel erfasst uns vor den unabsehbaren Konsequenzen unseres Tuns. Kein fassbares Bild, keine konkrete Form, hat das, was wir fürchten, woran wir leiden. Doch ist es nicht weniger Angst einflößend als es die Teufel des Mittelalters je waren.

Das schlechte Gewissen ist eine Form des Unheils. Man fühlt sich uneins mit sich selbst. Krieg herrscht im eigenen Inneren. Aggression, die in der Tat nach Außen wirkt, kehrt zu einem selbst zurück. Man fühlt sich zerrissen, verletzt, eben Unheil. Im Gehen, in der Pilgerschaft, setzt man der eigenen Zerrissenheit, die natürlich noch durch ganz andere Ursachen als durch den Komplex von „Schuld und Sühne" bedingt sein kann, eine einfache und zielgerichtete Anstrengung entgegen. Hinzu kommt in der Fortbewegung zu Fuß eine besondere Art der geistigen Tätigkeit. Denn das Gehen ist eine Form der Meditation; letztlich, in ihrer Wirkung, Therapie also. Doch anders als bei Wanderungen sonst, kommt im Falle des Camino de Santiago, und auch bei anderen großen Pilgerwegen, eine spezielle Geschichtlichkeit des Ortes hinzu, die den individuellen Geist in eine vorgegebene, überindividuelle Matrix einbezieht. Das heißt in ein geschichtlich gewachsenes System, dessen Einzelelemente in ihrer Summe eine bestimmte, nur diesem System immanente Botschaft vermitteln. Und aus diesem Grund ist es dann übrigens doch ein gewichtiger Unterschied, ob man in den bayerischen Voralpen wandert, oder ob man nach Santiago oder nach Jerusalem, nach Mekka oder zum Kailas pilgert.

Bild 2: Knapp 200 Kilometer des Weges sind zurückgelegt. Doch noch liegen über 500 Kilometer vor mir.

Burgos - in seiner monumentalen Gotik! Wenn es in der Absicht der Baumeister lag, die Seele beim Anblick der gewaltigen Kathedrale zur Demut zu erziehen, dem Ich seine Beschränktheit und Bedeutungslosigkeit im Angesicht der Allmacht Gottes vor Augen zu führen, so ist es ihnen gelungen. Nicht allein die gigantischen Ausmaße des Bauwerks, auch der etwas gedrückte, doch zugleich monumentale, fast festungsartig wirkende Baustil, sowie der düstere Innenraum, bewirken, dass sich die Seele beinahe erdrückt, erniedrigt und gedemütigt fühlt. Es muss ein Geist absoluter religiöser Demut gewesen sein, der sich ein solches Gleichnis schuf. Das ist ein seltsamer Zug in der doch so stolzen spanischen Seele – diese Selbsterniedrigung vor Gott. Man denke dabei etwa auch an Philip II in seinem mächtigen, mit schwarzen Samt ausgekleideten Escorial, oder an die Schriften der Mystikerin Teresa de Ávila. Das ist der Mensch durchdrungen von dem Bewusstsein des eigenen Ungenügens im Eingedenk der Unendlichkeit der Transzendenz. Wenn alles Gute und Schöne, alle Pracht und Majestät in das Jenseits projiziert wird, bleibt nichts mehr für das Diesseits übrig. Das führt dann leicht zu Selbsthass und Selbsterniedrigung. Der Glaube, der das Leben doch veredeln und bereichern sollte, wendet sich gegen den Menschen.

León, den 19. April 2002

Im Vergleich dazu, die Kathedrale von León. Hier strebt das Mauerwerk mit einer grazilen Leichtigkeit empor, die gerade die gegenteilige Idee der Kathedrale von Burgos zu vermitteln scheint. Dort eine schwere, festungsartige, erdrückend wirkende Baukunst, hier die Heiterkeit des himmlischen Jerusalem in ihrer größt-möglichen, irdischen Annäherung. Nahezu zur selben Zeit entstanden und nur etwa einhundertfünfundsiebzig Kilometer von einander entfernt, kenne ich doch keine zwei weiteren, sich räumlich und zeitlich so nahe stehenden Bauwerke, die einen solch geradezu entgegengesetzten Eindruck auf den Betrachter machen würden. Tritt man von Außen an die Kathedrale heran, so ist man zunächst von der filigranen Schönheit der Fassade in ihrer Gesamtheit eingenommen, bevor noch figürliche oder andere Details wahrgenommen werden. Dem Baumeister gelang hier eine recht eigenständige, fast möchte man sagen, eigenwillige Strukturierung. Anders als bei den französischen Kathedralen jener Zeit, die dem Baumeister Enrique zweifellos als Vorbild, oder besser als Lehrstück dienten, wurde hier nicht eine Einheit zwischen Innen und Außen, zwischen Schiff, Türmen und Fassaden hergestellt, oder der innere Aufbau nach Außen gespiegelt, vielmehr stellte Enrique die einzelnen Bestandteile der Kathedrale so geschickt nebeneinander, dass sie eine ästhetisch überaus gelungene Einheit bilden. Die Türme stehen neben dem Schiff und werden durch die weit vorgezogene Vorhalle mit dem Portal zu einer Einheit verklammert. Die Fassade der Vorhalle, die frei zwischen den beiden Türmen steht, vervollständigt schließlich die Zweiheit der Türme zu einer formvollendeten Dreiheit. Betritt man die Vorhalle steht man sogleich dem reich mit Schnitzwerk verzierten Hauptportal gegenüber. Fünffach wölben sich elegante, gotische Bögen über schweren, hölzernen Eingangstüren empor. Mit den Bögen aufschwingend Darstellungen des jüngsten Gerichts. Brodelnde Höllenkessel für die Verdammten sind zu sehen, sowie ein Engel an der Orgel, der den Einzug der Seeligen ins Paradies begleitet. Darunter, am Mittelpfeiler des Eingangs, eine wunderschöne Madonna, die „Nuestra Señora la Blanca", die den Eintretenden mit einem fast zärtlichen, doch gleichwohl vornehm aristokratischen Lächeln begrüßt. Maria, die Himmelskönigin, ist dann auch Patronin der Kathedrale. An den Tympana der beiden seitlichen Portale finden sich passend Darstellungen aus dem Leben der Gottesmutter. Zu sehen ist die Geburt Jesu und der Traum des Joseph, als ihm in der

Nacht ein Engel erschien und ihm befahl mit Mutter und Kind nach Ägypten zu ziehen. Eine Ebene höher ist die Anbetung der heiligen drei Könige und die Flucht nach Ägypten dargestellt. Dann der Kindermord zu Bethlehem, dem das Jesukind durch die Flucht nach Ägypten entkommen war. Der Tod Mariens im Beisein der Apostel und ihre Krönung im Himmel sind schließlich Thema des rechten Seitenportals.

Betritt man den Innenraum, hat man beinahe das Gefühl, als würde man von einer geheimen Kraft nach Oben gezogen. Ganz so als wären die schlanken gotischen Pfeiler und Bögen Leiterbahnen, die den Kontakt zu höheren, himmlischen Zonen zu schließen suchen. Verstärkt wird die transzendierende Wirkung des ganzen Bauwerks noch durch die großflächig durchbrochenen Seitenwände. Prächtig spannt sich gotisches Buntglas über die Reihen hoher Fenster. Es ist so, als wäre das Licht in den Spannungsbögen dieser Fenster geschmolzen und in anderer Frequenz erneut kristallisiert. Und diese tausende von Tonnen Gestein, dem gleichwohl seine, dem Material naturgemäß innewohnende Schwere vollkommen genommen scheint, das Schnitzwerk an den Portalen, die auskristallisierte Lichtflut in den Buntglasfenstern, all das scheint nur einem einzigen Zweck zu dienen – die Seele zu erhöhen und in einem heitereren Zustand zu versetzen, als es für gewöhnlich ein Bauwerk vermag.

Dazu beitragen mag auch der helle, offene Platz vor der Kathedrale, der meist von Leben erfüllt ist. Hier trifft sich die Jugend der Stadt. Man sitzt auf dem Pflaster in kleinen Gruppen zusammen, spielt Lieder auf den verschiedensten Musikinstrumenten und singt dazu. Liebespaare umarmen, küssen sich. Passanten werden von Tauben umflattert. Touristen ziehen vorbei, knipsen die Fassade der Kathedrale, verlieren sich wieder. Hier weilt ein religiöser Geist, der noch offen ist für das profane Leben der Menschen, während er sich dagegen in Burgos hinter dicken

Festungsmauern versteckt und unnahbar und gravitätisch über der gemeinen Menschenwelt thront.

León, den 20. April 2002

Wochenende. Die Stadt gerät in eine fiebrige Fiesta-Stimmung. Auf den Straßen flanieren auffallend schöne Mädchen, von einer ganz eigenen, südländischen Rasse. Grazie wohnt in dieser Stadt nicht nur in ihren Kunstwerken, in der lächelnden Madonna über dem Eingang der Kathedrale, sondern auch in ihren Bewohnerinnen, von denen eine ihrer Vorfahrinen dem Künstler, der die Madonna schuf, vielleicht als Modell gedient haben mag. Diese gegenseitige Widerspiegelung und Durchdringung von Schönheit in Kunst und Leben ist auf dieser Welt nicht häufig zu finden.. Organisch und ganz natürlich, so wie Orchideen Blüten tragen, scheint León außergewöhnlich viel Grazie und Anmut hervorzubringen. Es scheint Plätze auf dieser Erde zu geben, die der Kunst und zugleich der Schönheit im Allgemeinen auf geheimnisvolle Weise zuträglich sind. An diesen gesegneten Orten bleiben die vor Jahrhunderten geschaffenen Kunstwerke lebendig, versteinern nicht, wie anderswo, in musealer Sterilität.

Bild 3: Das urige Pilderdorf Hontanas in Alt-Kastilien.

Bild 4: Tunas, Mitglieder einer spansichen Studentenvereinigung, ziehen singend und spielend durch die Straßen von León.

Bild 5: Die steinerne Brücke von Hospital de Orbigo.

Bild 6: In Murias de Rechivaldo grüßte der Frühling mit seiner Blütenpracht.

Murias de Rechivaldo, den 21. April 2002

Wanderung durch die letzten Ausläufer der Meseta, dem Herzland Altkastiliens. Die bis zum Horizont brettflache Ebene wird von riesigen Agrarflächen bestimmt, die von zahllosen Bewässerungskanälen durchzogen sind. Sommerhitze lastet brütend auf der Landschaft. Das Laufen wird anstrengender. Die Pausen werden länger. Der Körper, vor einigen Tagen noch an Kälte und Schneefall gewöhnt, muss sich erst auf die Hitze einstellen. Trotzdem kamen wir ganz gut voran. Nach einiger Zeit wurde das Land schon wieder etwas welliger. Mit der eintönigen Ebene hatte es ein Ende. Schon tauchten am Horizont die schneeglitzernden Bergketten der Kantabrischen Kordillere, die Montes de León, auf. Davor, auf einer Terrasse über dem Tal des Tuerto, die alte Römersiedlung Astorga. Schon Plinius der Ältere weilte hier und erwähnte die Stadt in seinem Werk. Als „Asturica Augusta" Sitz der römischen Präfekten, wurde die Stadt reich, weil sie an der Verteilung und Verarbeitung des Goldes beteiligt war, das in den Medulas, südlich von Ponferrada, gewonnen wurde. Da die Stadt auf einem Hügel erbaut ist, zeichnet sich schon von Weitem ihre markante Silhouette mit Kathedrale und dem von Antonio Gaudí entworfenen Bischofspalast ab. Auf der Plaza der Stadt hielten wir Rast, aßen Spaghetti und erfrischten uns mit Cola und Bier. Doch in der Stadt selbst wollten wir nicht übernachten. So liefen wir also noch ein Stück weiter, bis wir in das, nur drei Kilometer entfernte, Murias de Rechivaldo kamen. Das hatte den Vorteil, dass wir die kleine Pilgerherberge des Ortes mit nur noch zwei weiteren Pilgern teilen mussten, was in dem größeren Astorga sicher nicht der Fall gewesen wäre. Murias de Rechivaldo selbst ist ein archaisch anmutendes, ruhiges Dörfchen mit niedrigen, rötlichen Backsteinhäuschen, einer Dorfkirche, auf deren Turm ein riesiges Storchennest thront und einem gemütlichen, alten Gasthaus, in dem wir unser Abendessen in einem Speisesaal vor einem offenen Kamin zu uns nahmen, der ohne weiteres als Kulisse für eine

Verfilmung Don Quijotes geeignet gewesen wäre. Vor dem Abendessen machte ich noch allein einen kleinen Spaziergang durch das Dorf, vorbei an herrlichen Gärten, in denen gerade die Obstbäume in ihrer weiß-rosa Frühlingspracht blühten.

Rabanal de Camino, den 22. April 2002

Noch vor Sonnenaufgang machten wir uns heute an den Weiterweg. Es ging bald durch eine, von niedrigen Sträuchern und vereinzelten Steineichen bewachsenen Hochebene, die mich stark an die Mesas, die ich in Arizona und Colorado durchstreift hatte, erinnerte. Nur vereinzelt waren in die weite, menschenleere Landschaft kleine, alte Dörfchen eingestreut. Schneeglitzernde Gebirgsketten schlossen die Hochebene nach Süden hin ab. Still und vornehm lag das Land unter der brennenden Südlandsonne da. Vereinzelt schrie ein Kuckuck in den umliegenden Hangwäldern. Störche und Habichte zogen ihre Kreise über der Landschaft auf der Suche nach Futter. Zuerst fast unmerklich, dann immer stärker, stieg in mir ein Glücksgefühl wärmend empor. Es war einer jener seltenen Augenblicke tiefsten Empfindens, wie sie einem nur in der Natur zu Teil werden. Diese Glücksgefühl hat seinen tiefsten Grund wohl darin, dass man in diesen Momenten zutiefst und bis ins Innerste einverstanden ist mit allem, was einem umgibt. Es ist als würde sich die Seele in die Weite der Landschaft ausdehnen und plötzlich im Rhythmus des Seins, eins mit der Welt, in Schwingung geraden. Das Ich, der Träger aller negativer Empfindungen, löst sich auf und macht einem allumfassenderem Geist platz. Vielleicht dürfen wir ein ähnliches Glück auch in der Stunde unseres Todes kosten, in der das Ich sich ja auch und noch radikaler, auflöst und ins Nichts dahinsinkt.

*

50

Wir sind seit Astorga zu dritt unterwegs. Ein Züricher, Jakob, der in Etappen schon seit ein paar Jahren auf dem Jakobsweg in der Schweiz, in Deutschland, Frankreich und Spanien unterwegs gewesen war, schloss sich uns an. Schorsch, der bis Burgos mit uns gewandert war, blieb dort zurück, als wir aus Zeitmangel bis León per Bus vorauseilten. Jakob meinte, dass das Wandern, die stetige, gleichmäßige Fortbewegung zu Fuß, eine Form der Therapie darstellt. Ähnliche Aussagen bekam ich, seit ich auf dem Jakobsweg unterwegs bin, schon öfter zu hören. Es fragt sich nur, warum gerade in heutiger Zeit eine solche Therapie für viele nötig zu sein scheint? Die Jakobspilgerschaft ist inzwischen zu einer Massenbewegung geworden. Noch vor zwanzig Jahren, Anfang der achtziger Jahre, waren gerade einmal zweitausend Pilger pro Jahr auf dem Weg nach Santiago unterwegs. Keine zwei Jahrzehnte später, im Jahre 1999, das für Jakobusjünger ein heiliges Jahr war, da damals der Namenstag des Heiligen auf einen Sonntag fiel, wurden 140 000 Pilger gezählt. Das für manche Menschen, die auf dem „Camino" unterwegs sind, der Komplex von „Schuld und Sühne" als Motivation eine Rolle spielen mag, habe ich weiter oben bereits ausgeführt. Doch dies trifft, so glaube ich, nur auf einen kleinen Teil der Pilger zu. Eine uralte Tradition, ein jahrtausendealter Wallfahrtsweg, wird plötzlich, innerhalb zweier Jahrzehnte, neu entdeckt. Solche Phänomene gründen unmittelbar in den Ausformungen und Abgründen des Zeitgeists. Das Sein ist heute mehr und mehr unanschaulich geworden. Das Universum antwortet nicht mehr auf Fragen nach dem Sinn unseres Daseins. Je mehr das „Wie" der Dinge plastisch hervortritt, desto mehr verdunkeln sich die Antworten auf die Frage nach dem „Warum." Die Aufklärung hat die Welt entzaubert. Dies haben manche Geister schon früh schmerzhaft empfunden. Hölderlins „Götternacht", die ganze Romantik und etwa auch der Ausspruch Byrons, „es ist diese Leere, die uns treibt", gehören hier her. Diese Leere – sie ist es tatsächlich, die im modernen Menschen mächtig ist, die nach Antwort schreit und die ihn treibt. Würde man ihm all seine Zerstreuungen, die Boxkämpfe und Autorennen, die Fußballturniere, die Reisen, das Flanieren in den Konsummeilen der Städte, seine elektronischen Seins-Surrogate nehmen, er würde an seiner inneren Leere ersticken und zu Grunde gehen. Das Sein antwortet nicht mehr, erfüllt die Seele des modernen Menschen nicht mehr mit Sinn. Alle religiösen, kulturellen oder ethischen Werte können nicht mehr absolut aufgefasst werden, sondern treten in ihrer geschichtlichen Beschränktheit zu Tage. So ist der moderne Mensch, zumindest der geistig wache und rege, stets auf der Suche, ist immer unterwegs und kommt niemals an. Archimedische Punkte, an denen man die Welt aus den Angeln heben kann, gibt es nicht mehr. Der Suchende aber ist immer auch zum Abenteuer verurteilt. Und da der moderne Mensch notwendig Suchender ist, ist er auch notwendig ein Abenteurer. Auf seiner Seins-Suche ist er ein Flaneur in den Phänomenen von Zeit und Welt. Das unterscheidet denn auch die Neuzeit von allen Zeiten zuvor – das ihre religiösen, geistigen, künstlerischen, gesellschaftlichen Abenteuer ungezählt sind, das die Umformung von Werten niemals zum Stillstand kommt. Allenfalls sind da noch Atempausen möglich. Und dieses Abenteurertum des modernen Menschen liegt letztendlich der Dynamik zu Grunde, die das Gesicht der Erde veränderte, wie es in einem solchen Ausmaß in keiner Epoche und Kultur zuvor geschehen ist. Die Renaissance, die Entdeckung Amerikas und der entferntesten Gebiete der Erde, die Reformation, die Aufklärung, die französische Revolution, das Experimentieren mit politischen Utopien (Kommunismus und Verwandtes), die Vermischung der Kulturen und die Globalisierung der Welt, all das (und die Liste ließe sich selbstverständlich beliebig fortsetzen) ist nur geschichtlicher Ausdruck des Abenteurertums des modernen Menschen, an dessen Last er oft schwer trägt, das aber unmittelbar mit seinem Wesen identisch ist. - Der moderne Mensch ist zum Abenteuer verurteilt.

Und der Jakobsweg? Nach dem Gesagten dürften einige der

Gründe für dieses Phänomen etwas deutlicher geworden sein. „Auf dem Pilgerweg." Ist das nicht das perfekte Gleichnis für die Situation des modernen Menschen? Hier vollzieht sich die Suche nach Sinn, nach transzendenten Inhalten, vor dem Hintergrund eines großartigen, geschichtlich gewachsenen Systems.

Molinaseca, den 23. April 2002

In der Kühle des Morgens Aufstieg zum Cruz de Ferro. Mit Schwung werfe ich den Stein, den ich von unten, den Berg herauf getragen habe, auf den stetig wachsenden Steinhaufen am Fuße des Eisenkreuzes. Hier haben bereits unzählige Pilger vor mir, nach alter Tradition, ihre Steine abgeladen. Zum Einen erbitten sie so Schutz für den Weiterweg, zum Anderen symbolisiert der Stein die Sünden, von denen sich der Pilger auf dem Weg nach Santiago befreien möchte. Der Brauch soll keltischen Ursprungs sein und könnte somit auf ein paar tausend Jahre Tradition zurückblicken.

Es ist ein sonniger Tag mit strahlend blauen Himmel. In den Wiesen um das Kreuz lagern die Pilger in kleinen Gruppen. Man tauscht Erlebnisse aus und isst von dem mitgebrachten Proviant. Der Rabanalpass markiert den höchsten Punkt des Jakobswegs, von den Pyrenäen abgesehen . Von hier aus geht es lang und steil bergab, bis in die fruchtbare Ebene des Bierzo, in die sich beim Abstieg weite Ausblicke bieten. Die Hänge waren übersät von gelbblühenden Ginstersträuchern. Für einige Zeit gesellte sich ein Psychologiestudent aus Deutschland zu uns. Statt moderner Wanderstiefel trug er genagelte Schnürsandalen, die den römischen „caligae" nicht unähnlich waren. Als Wanderstab diente ihm ein knorriger Stock. Vollbart und langes Haar vervollständigten die Erscheinung. Wir kamen ins Gespräch. Als seine Mentoren nannte er Herrmann Hesse, C.G. Jung und Carlos Castaneda ergo

Don Juan. Die esoterischen Lehren, die Letzterer entwickelte, scheint er auf der Universität in seinem Studienfach behandelt wissen zu wollen, was natürlicherweise weithin auf Unverständnis stößt.

*

In Manjarín, einem kleinen, verfallenen Geisterdörfchen, das seit langem verlassen ist, hielten wir noch einmal Rast. Hier hat Tomás ein uriges und originelles Pilgerhospital geschaffen. Vor Jahren kam er hier auf dem Weg nach Santiago durch und beschloss künftig hier zu leben und sich, wie die Templer im Mittelalter, um die durchziehenden Pilger zu kümmern. Wir wurden von ihm vor seiner „Burg" mit Kaffee und Keksen bewirtet. Ich hätte mich gerne ein wenig mit ihm unterhalten um mehr über sein Leben an diesem Einsamen Ort zu erfahren. Leider spricht er nur Spanisch, und meine Kenntnisse in dieser Sprache sind zu gering, als dass sie für eine solche Konversation ausgereicht hätten. Er zeigte mir einen Bildband mit sehr schönen Fotografien von den Kultur-schätzen und Landschaften am Jakobsweg. Hätte ich gewusst, dass man hier oben in der Holzburg auch übernachten kann, ich wäre am gestrigen Tag noch bis hierher aufgestiegen. So war der Aufenthalt nur kurz aber sehr eindrücklich.

Ist der Abstieg vom Cruz de Ferro bis Manjarín noch recht sanft verlaufen, fällt der Weg bis zur Ebene des fruchtbaren Bierzo steil ab. Und je tiefer wir kamen, desto unangenehmer machte die Hitze sich bemerkbar. Bald waren es dreißig Grad und mehr. Die Anstrengungen des Abstiegs, der schwere Rucksack, kamen noch hinzu. In El Acebo, einem urigen Steindorf, noch auf den letzten Höhenzügen über dem Bierzo gelegen, hielten wir unter dem Schatten eines Baumes noch einmal eine letzte Rast, die erste, die von der Erschöpfung und nicht von der Schönheit des Ortes diktiert wurde. Wir hatten noch in Salzwasser eingelegte Oliven dabei, die es in Spanien überall, in Plastik luftdicht eingeschweißt, zu kaufen gibt. Sie brachten den Mineralienhaushalt wieder ein wenig ins Gleichgewicht. Dazu tranken wir kühles Wasser aus einem nahen Brunnen. Dann rafften wir uns auf und es ging weiter bergab. Die Hitze schien immer noch mehr und mehr zunehmen zu wollen. Das Blut hämmerte Wild an meine Schläfen und schien zu kochen. Kälte hatte ich immer schon besser zu ertragen gewusst als große Hitze. Endlich tauchte hinter einem letzten, ginsterbewachsenen Hügel, Molinaseca, unser heutiges Ziel, vor uns auf. In die erste Kneipe des Ortes, an der wir vorbeikamen, stürmte ich gleich hinein um mir eine Flasche eisgekühltes Wasser aus der Getränkegefriertruhe zu kaufen. Wieder zurück auf der Straße schüttete ich mir das eiskalte Wasser über dem Kopf. Das erfrischte. Dann trank ich noch, keine hundert Meter weiter, zwei kühle Biere, die ich genoss wie selten ein Bier zuvor. Erst dann war ich bereit die vier- fünfhundert Meter, die es noch bis zum Pilgerhospiz waren, zu gehen, mich dort zu duschen und all die Kleinigkeiten zu erledigen, die eben am Abend eines solchen Wandertags zu erledigen sind.

Bild 7: Bomberos – Feuerwehrkapelle auf einemFrühlingsfest.

Der gestrige Abstieg steckte mir am Morgen doch noch sehr in den Knochen. Es dauerte bis Ponferrada, bis sich meine steife Muskulatur wieder an das Marschieren gewöhnt hatte. Hier, an der Peripherie zur Altstadt, kamen wir am Kastell der Tempelritter vorbei, das auf das dreizehnte Jahrhundert zurückgeht. Ponferrada war einst ein wichtiger militärischer Stützpunkt dieses Mönchsritterordens gewesen, der an der Reconquista Spaniens ebenso entscheidend beteiligt gewesen war, wie an den Kreuzzügen im heiligen Land.

Spanien und Palästina. Beide Länder waren einst Frontstaaten des christlichen Abendlandes in der Auseinandersetzung mit der arabischen Welt gewesen. Und der Jakobsweg war nicht nur Pilgerweg, sondern auch die Achse, die die christlichen Nordstaaten Spaniens miteinander verband und von der aus die Rückeroberung des spanischen Südens erfolgte. Aber, beginnen wir unsere Geschichte von vorne. Sie ist spannend und wert erzählt zu werden. Und wie sollte man jene Matrix, die auf dem Jakobsweg auf die Pilger noch heute wirkt begreifen und verstehen können, ohne ihre Entstehungsgeschichte zu kennen?

Womit aber beginnen wir? Wo nimmt eine Geschichte ihren Anfang? Ist das historische Geschehen nicht gerade ein Prozess, wo eines das andere bedingt und nichts ohne das Vorhergehende denkbar erscheint? Eine entscheidende Zäsur stellt auch in Spanien, wie in ganz Europa, der Zusammenbruch des römischen Reiches dar. Von da an begann neues, das sich bis heute fortsetzt. Das Mittelalter ist unser körperlicher, die Antike unser geistiger Hintergrund, vor dem wir Heutigen existieren. In der Antike wurde die abendländische Philosophie, die Kunst, das Staatsrecht geboren, im Mittelalter die Stämme, Völker und Nationen, die noch heute das Gesicht Europas prägen. Einer dieser Stämme waren die Goten, die einmal eine entscheidende Rolle in der frühen Geschichte Spaniens und auch des Jakobweges spielen sollten. Wie alle germanischen Stämme stammten sie ursprünglich aus Skandinavien. Genauer aus Gotland, das ja noch heute ihren Namen trägt. Schon vor Christi Geburt waren sie von dort, über die Ostsee, auf das europäische Festland übergesiedelt, wo sie für mehr als zwei Jahrhunderte eine Heimat entlang der Weichsel fanden. Dann machten sich plötzlich große Teile von ihnen auf dem Weg nach Süden. Der westgotische Geschichtsschreiber Jordanes, der 500 nach Christus geboren wurde und zwischen 555 und 560 starb, gab in seiner gotischen Geschichte als Grund für diese Wanderung Überbevölkerung an. Doch wäre damals eigentlich noch genügend Siedlungsraum östlich, westlich und südlich der Weichsel vorhanden gewesen. Es ist gut möglich, dass dabei jener seltsame und abenteuerliche Zug in der germanischen Seele eine Rolle gespielt hat, der stets auf das Unendliche zielt, immer wieder neue Herausforderungen, neue Grenzen sucht, allein um sie zu überwinden.

Irgendwann während dieser Zeit spaltete sich der Stamm dann in Ost- und Westgoten auf. Zu Beginn des dritten Jahrhunderts nach Christus waren letztere dann schon bis in das Gebiet der unteren Donau vorgedrungen. Dort fluteten sie gegen die Grenzen des römischen Reiches, von denen sie aber nicht lange aufgehalten werden konnten. Sie überschritten die Donau und zogen raubend und plündernd durch die römische Provinz. Damals war das Imperium gerade in einem Umbruch begriffen, der erst später, unter Konstantin den Großen, wieder in stabile Verhältnisse mündete. Der wachsende Druck der Barbarenvölker auf die Reichsgrenzen, von denen die Westgoten nur eines von vielen waren, schwere Machtkonflikte im Inneren und eine rapide Verschlechterung der wirtschaftlichen Lage, erschütterten in jener Zeit die Grundlagen des Staates. Dem Reich blieb nichts anderes übrig, als den Frieden durch Tributzahlungen zu erkaufen. Später werden die Goten dann sogar an der Donau, innerhalb der Reichsgrenzen, als Föderaten angesiedelt. Zusätzlich zu dem Siedlungsland erhalten sie noch jährliche Zahlungen aus Rom, außerdem werden ihnen noch Lebensmittellieferungen zugesagt. Als Gegenleistung übernehmen sie die militärische Sicherung der Grenzen. In jener Zeit, im dritten Jahrhundert, kamen die Goten auch erstmals mit dem Christentum in Berührung. Und zwar mit der arianischen Form des Glaubens, was später noch zu mancherlei Problemen führen sollte. Die Arianer glaubten, Christus sei zunächst nur ein sterblicher Mensch gewesen und erst durch seine Erlösungstat zur Gottheit erhoben worden. Christus sei dem Vater nicht wesensgleich, sondern nur wesensähnlich. Diese Lehre wurde dann durch das Konzil von Nizäa (325 n. Chr.) verworfen. Dieser Glauben aber fand eine langsam aber stetig wachsende Anhängerschaft unter den Goten und anderen Germanenvölkern. Als dieser Prozess schon vorangeschritten war, ernannte der Bischof von Konstantinopel den Goten Wulfila zum Bischof seiner Landsleute. Aber gerade diese Ernennung provozierte eine Gegenreaktion unter konservativen Kräften, die noch den alten germanischen Göttern huldigten. Man befürchtete außerdem, dass durch das christliche Prinzip der Nächstenliebe die kriegerischen Tugenden Schaden nehmen würden. Es kam zu blutigen Christenverfolgungen unter den Goten. Wulfila musste ins Exil, wo er eine gotische Übersetzung der Bibel, den „codex argentus" schuf. Aber die Verbreitung des Christentums war auf lange Sicht nicht mehr aufzuhalten. Die Goten zählten schließlich zu den ersten germanischen Völkern, die den neuen Glauben annahmen. Der Druck auf die Grenzen des Reiches wuchs in den nächsten Jahrzehnten immer mehr. Weit im Osten war eine neue Macht aufgetaucht, die Hunnen, die die Völkerschaften, die dort ihr Siedlungsgebiet hatten nach Westen abdrängten, wo sie gegen die Grenzen des Imperium Romanum anbrandeten und bald schon auf römisches Staatsgebiet vordrangen. Das Imperium war diesen Fluten rein militärisch nicht mehr gewachsen. Da half die

Diplomatie. Den Völkern wurde Siedlungsland zugewiesen und mit ihnen wurden Föderatenverträge abgeschlossen, wie schon zuvor mit den Westgoten. Diese, meist germanischen Völker, wurden für Rom immer wichtiger. Bald wurden ganze germanischen Verbände unter eigenem Komando in das römische Heer eingegliedert. Germanische Stammesfürsten bekleideten hohe und höchste Ränge in der Truppe. Stilicho, ein Wandale, hatte schließlich sogar den höchsten Rang in der Truppe inne und war neben dem Kaiser der wichtigste Mann im Reich. In seinem Auftrag führten die Westgoten, unter ihren König Alarich, in Erfüllung ihres Föderatenvertrages mehrere Feldzüge durch. Doch Stilicho wurde zu mächtig. Man traute ihm zu, nach dem Purpur zu streben, selbst Kaiser werden zu wollen. Man rief ihn an den kaiserlichen Hof nach Ravenna, das damals Rom als Machtzentrale des Westreichs bereits abgelöst hatte, wo er einer Intrige zum Opfer fiel. Der Kaiser, dem Stilicho dreiundzwanzig Jahre lang treu gedient hatte, ließ ihn wegen Verrats hinrichten. Im Anschluss machte sich im ganzen Reich eine antigermanische Stimmung Luft. Es kam zu grauenhaften Masakern. Die gotischen und anderen germanischen Truppen wurden in ihren Kasernen überfallen und umgebracht. Und auch deren Familienangehörigen, die Frauen und Kinder, wurden nicht verschont. Außerdem glaubte Ravenna, es sich leisten zu können, die Zahlungen an die Föderaten an den Grenzen einstellen zu können. Daraufhin setzten sich die Westgoten, unter Alarich, gegen Italien in Bewegung um Rache zu nehmen. Aquileia, Cremona und andere Städte, die auf dem Weg lagen, wurden geplündert. Dann rückte Alarich auf der Via Flaminia gegen Rom vor. Die germanischen Hilfstruppen, die dem Massaker entkommen waren, schlossen sich wutentbrannt dem Zug an. Rom war in Gefahr. Das erste Mal seit den Zeiten Hannibals. Die Verteidigungsanlagen waren in einem desolaten Zustand. Es befanden sich kaum Vorräte an Lebensmitteln in der Stadt. Rom war auf eine Verteidigung nicht eingerichtet. Es kapitulierte nach kurzer Belagerung. Alarich stellte seine

Forderungen. Von der Stadt Rom verlangte er Gold, Gewürze, Felle und edle Stoffe, vom Kaiser in Ravenna Siedlungsland in Dalmatien, Venetien und Noricum. Das war die Einfallspforte nach Italien. Von dort aus hätten die Westgoten Rom in ihrer Abhängigkeit halten können. Rom konnte sich nicht widersetzen. Es zahlte. Der Kaiser in Ravenna hingegen glaubte sich sicher hinter den dicken Mauern der Stadt und den ausgedehnten Sümpfen im Vorland. Er weigerte sich, der Forderung Alarichs nachzukommen. Bis jetzt hatte Alarich Rom noch nicht betreten. Jetzt aber griff er an. Rom fiel binnen kürzester Zeit in seine Hand und wurde zur Plünderung freigegeben. Es war der 24. August 410. Ein denkwürdiges Datum. Seit achthundert Jahren, als 387 v. Chr., Kelten die Stadt, mit Ausnahme des Kapitols, eingenommen hatten, war es keinem Feind mehr gelungen Rom zu erobern. Das Reich war am Ende. Es gelang ihm noch ein paar Jahrzehnte lang ein Schattendasein zu führen. Doch von imperialer Machtfülle konnte keine Rede mehr sein. Das Machtvakuum würde bald von germanischen Völkerschaften ausgefüllt werden, die das Erbe Roms antraten.

Alarich starb noch im selben Jahr, in dem er Rom eingenommen hatte. Doch die Westgoten spielten weiter eine entscheidende Rolle im Reich. Sie zogen zunächst aus Italien ab nach Norden, wo sie sich, mit Billigung des Kaisers, in Gallien um Toulouse, Bordeaux und Poitiers ansiedelten. Sie waren wieder in ein Föderaten-verhältnis mit Rom eingetreten und bekriegten im Auftrag des Reiches andere Germanenstämme, wie die Silinger oder die Alemannen. Dann fallen die Hunnen in das Reich ein. 451 kommt es in Gallien zur großen Völkerschlacht auf den katalaunischen Feldern. Die Westgoten kämpfen auf Seiten der Römer. Auf der anderen Seite, bei den Hunnen, kämpfen die Ostgoten. Wieder ist es Jordanes, der uns in seinem Werk *De origine actibusque Getarum* (Von der Herkunft und den Taten der Goten), von dieser Schlacht und von den vorangegangenen Wochen heißer Kämpfe berichtet. Die Hunnen und die mit ihnen verbündeten Völker waren Donauaufwärts marschiert, alles vor sich niederwalzend, was sich ihnen in den Weg stellte. Nördlich von Worms hatten sie den Rhein überschritten und waren weit nach Gallien vorgedrungen, ohne dass sie auf nennenswerten Widerstand gestoßen wären. Das römische Heer allein, das unter dem Befehl des Aetius stand, wäre zu schwach gewesen um sich den Hunnen unter Attila entgegenzustellen. Aetius brauchte Verbündete. Neben den Burgundern und den salischen Franken vor allem die Westgoten, die damals die stärkste Militärmacht unter den Germanenstämmen in Gallien waren. Und obwohl jahrzehntelang Spannungen und sogar offene Feindschaft zwischen diesen Völkerschaften geherrscht hatte, gelingt das Bündnis. Alle fühlen sich von Attila bedroht und stellen sich ihm bei Aureliana, dem heutigen Orleans, entgegen. Jordanes berichtet darüber:

„Der Alanenkönig Sangibanus hatte aus Furcht vor den drohenden Ereignissen versprochen, sich dem Attila zu ergeben und ihm die gallische Stadt Aureliana, in der er sich damals aufhielt, auszuliefern. Als der greise Westgotenkönig Theoderich und der Römer Aetius, dies erfuhren, ließen sie noch vor Attilas Ankunft die Stadt mit hohen Wällen befestigen; ferner sorgten sie dafür, dass Sangibanus, der ihren Verdacht erregt hatte, überwacht wurde und mit seinen Leuten unter ihren eigenen Truppen Aufstellung nahm. Dadurch erschreckt und in seinem Vertrauen in den vorgesehenen Ablauf erschüttert, zögerte Attila, den Kampf zu beginnen..."

Und sehr germanisch argumentierend setzt Jordanes noch die Bemerkung hinzu: „...was doch noch schimpflicher ist als der Tod."

Jedenfalls bricht Attila die Belagerung von Aureliana ab und zieht sich in nordöstlicher Richtung zurück. Nur langsam setzen Aetius und Theoderich nach. Offensichtlich hatten sie Aurelianus nur mit ihren schnellsten Truppen erreicht und warteten nun auf ihre Hauptstreitmacht. So konnten die Hunnen zweihundert Kilometer bis Troyes unbehelligt zurücklegen. Dort aber gerieten sie in offenes Gelände. Dies wollten die Salischen Franken ausnutzen, die mit den ripuarischen Franken unter ihren Führer Gundebaud, aufgrund von Erbstreitigkeiten um die Herrschaft, in Fehde lagen. Um den Abzug der hunnischen Hauptstreitmacht weiter zu decken, werfen sich den angreifenden Salischen Franken Gepiden und die Ripuarischen Franken entgegen. Die Kämpfe sind blutig und heftig. Laut Jordanes soll es bei diesem Treffen bereits 15 000 Tote auf beiden Seiten gegeben haben.

Unter den Toten, wie es scheint, auch Gundebaud, der Führer der Ripuarischen Franken aus königlichen Geblüt. Damit war bereits eine der großen Entscheidungen gefallen. Denn auf Merowech, den Führer der Salischen Franken, der durch diese Schlacht in der fränkischen Erbfolge die Oberhand gewonnen hatte, gründet sich die Herrschaft der Merowinger, die bis ins achte Jahrhundert andauert.

Aber dieser Angriff drang nicht bis zur hunnischen Hauptstreitmacht durch, sondern konnte, trotz hoher Verluste, von den Gepiden und Ripuarischen Franken abgewehrt werden. Attila hatte Zeit gewonnen. Zeit sein Heer zu gruppieren und für die große Schlacht aufzustellen. Auf den katalaunischen Feldern in der Champagne kommt es dann zu der großen Begegnung der Völker. Wieder berichtet Jordanes:

„Beide Seiten versuchten nun (als die Schlacht begann) die Erhebung (eine flache Hügelkuppe inmitten des Schlachtfelds) zu besetzen, da eine günstige Stellung stets einen erheblichen Vorteil bietet. Den rechten (östlichen) Teil besetzten die Hunnen mit ihren Scharen, den linken (westlichen) die Römer und Westgoten mit ihren Hilfstruppen. Der Kampf entbrannte zuerst um die frei gebliebene Kuppe. Den rechten (Süd-)Flügel hielt Theoderich mit seinen Westgoten, den linken Aetius mit den Römern. In die Mitte stellten sie den schon genannten Alanenführer Sangibanus. Da sie ihm weniger trauten, umgaben sie ihn vorsichtshalber mit zuverlässigen Truppeneinheiten. Wird nämlich dem Teilnehmer einer Schlacht die Flucht unmöglich gemacht, dann ergibt er sich schließlich doch in sein Schicksal (und kämpft).

Auf der Gegenseite, bei den Hunnen, befand sich Attila mit den Hunnen als stärkste Truppe im Zentrum der Aufstellung. Der König hatte dies so angeordnet, um seine Truppe um sich zu haben und durch sie geschützt zu werden. An den Flügeln kämpften die Angehörigen zahlreicher anderer Völkerstämme und der von den Hunnen unterworfenen Nationen. Unter den letzten zeichnete sich vor allem das Heer der Ostgoten aus unter seinen Führern Walamir, Theodemir und Widimir. Da sie vom Königsgeschlecht der Amaler abstammten, waren sie sogar noch vornehmer als der König (Attila), dem sie in diesem Kampf dienten. Ferner befand sich der tapfere und berühmte König Ardarich mit seinem riesigen Gepidenheer bei den Hunnen. Er nahm wegen seiner überaus großen Loyalität gegenüber Attila stets an allen Beratungen teil. Der Hunnenkönig schätzte Ardarich wegen dessen Klugheit und stellte ihn wie den Ostgotenkönig Walamir über alle anderen verbündeten Fürsten. Walamir zeichnete sich durch Verschwiegenheit, Gewandtheit und Scharfsinn aus, während Ardarich ein zuverlässiger Ratgeber war. Attila konnte sich unbedingt darauf verlassen, dass diese beiden gegen ihre Stammesverwandten, die Westgoten, kämpfen würden. Die anderen Könige – wenn man sie so nennen darf – und Führer der einzelnen Völkerschaften folgten wie Satelliten jedem Winke Attilas; zitternd und bebend, ohne Widerrede, beeilten sie sich, seine Befehle auszuführen. Attila beherrschte sie alle. Er allein entschied über ihr Schicksal."

Nach dieser Beschreibung, der mit den Hunnen verbündeten Fürsten, fährt Jordanes fort:
„Es kam zum Handgemenge, zu einem fürchterlichen, ausgedehnten, maßlosen und erbitterten Ringen. Wir kennen keinen Kampf aus dem Altertum, den wir auch nur entfernt diesen gleichzustellen vermöchten. Wenn wir den Erzählungen der

Älteren Glauben schenken dürfen, so war das Flüsschen, das zwischen niedrigen Uferbänken durch die Ebene fließt (La Noblette), von dem Blut aus den Wunden der Gefallenen gefärbt; es war nicht etwa, wie das sonst zuweilen geschieht, von Regengüssen angeschwollen – nein, es war durch Blut zu einem reißenden Strom angewachsen. Und jene, die durch ihre Wunden gezwungen wurden, den brennenden Durst zu löschen, schöpften mit Blut gerötetes Wasser. So mussten die Unseligen dasselbe Blut trinken, das sie bei ihrer Verwundung verströmt hatten.

Während dieser Schlacht wurde auch Theoderich (König der Westgoten), während er, die Seinen anspornend, durch das Heer ritt, vom Pferd geschleudert und von seinen eigenen Mannen zertrampelt. So endete er sein Leben im hohen Greisenalter. Andere allerdings behaupten, Theoderich sei durch ein Geschoss (den Wurfspeer) des Andagis, eines Ostgoten aus der Königssippe der Amaler, getötet worden. Damit erfüllte sich die Prophezeihung, welche die Wahrsager vorher dem Attila verkündet hatten (dass der Führer des feindlichen Heeres im Kampf fallen würde), nur das er sie auf Aetius bezogen hatte. Nun trennten sich die Westgoten von den Alanen (die das Zentrum bildeten) und griffen die Hunnen an. Attila wäre niedergemetzelt worden, wäre er nicht in kluger Voraussicht geflohen und hätte er sich nicht mit den Seinen hinter die Umwallung seines Lagers zurückgezogen. (Außerdem rettete ihn die hereinbrechende Dunkelheit, in der die Kampfhandlungen von beiden Seiten zunächst eingestellt werden mussten).

Als sie nun bei Anbruch des nächsten Tages das mit Leichnamen übersäte Schlachtfeld erblickten und die Hunnen keinen neuen Angriff machten, glaubten die Römer, den Sieg errungen zu haben. Sie wussten aber auch genau, dass sich Attila nur nach einer endgültigen Niederlage zur Flucht wenden würde. Zunächst benahm sich dieser König nämlich keineswegs wie ein Flüchtling, im Gegenteil: Er ließ Waffengetöse und Tubaklänge erschallen und drohte mit einem neuen Angriff. Er glich einem von Jagdspießen verwundeten Löwen, der vor dem Eingang seiner Höhle auf und ab geht: Er wagt zwar keinen Angriff, hält jedoch mit seinem Gebrüll die Umgegend ständig in Schrecken. So jagte auch der eingeschlossene kampflustige König den Siegern Schrecken ein. Schließlich trafen sich Goten und Römer, um zu beraten, wie sie sich dem besiegten Attila gegenüber verhalten sollten. Es wurde beschlossen, ihn durch eine Belagerung aufzureiben, da er über keine Getreidevorräte mehr verfügte und der Zugang zum Lager durch einen Schauer von Pfeilen unmöglich gemacht wurde. Die Pfeilschützen (der Hunnen) waren innerhalb der Lagerumwallung aufgestellt. Es heißt, der König der Hunnen habe in dieser gefahrvollen Lage große Seelenstärke bewiesen. Er hatte befohlen, aus Pferdesätteln einen Scheiterhaufen zu errichten, um sich, falls die Feinde in das Lager eindringen sollten, in die Flammen stürzen zu können. Keiner sollte sich später rühmen können, dass Attila von seiner Hand gefallen sei. Noch weniger wollte er, ein Herrscher über so viele Völker, lebend in die Hand seiner Feinde fallen.

Während sich nun die Belagerung in die Länge zog, begannen das Volk der Westgoten nach seinem König und die Söhne nach ihrem Vater zu suchen. Sie wunderten sich über seine Abwesenheit, vor allem, da ihnen doch das Kriegsglück hold gewesen war. Nach längerem Suchen fanden sie ihn mitten im dichtesten Haufen der Leichen liegen, so wie es einem tapferen Manne geziemt. Preisgesänge anstimmend trugen sie ihn vor den Augen der Feinde fort. Da konnte man Scharen von Goten sehen, die mit klagenden Stimmen durcheinanderriefen und dem Toten die letzte Ehre erwiesen, während die Schlacht um sie herum noch nicht erloschen war. Viele Tränen wurden vergossen, echte Männertränen. Wohl hatten wir Goten einen Verlust erlitten, aber – wie selbst die Hunnen bezeugen konnten – einen ruhmreichen. Es musste den Übermut der Feinde dämpfen, zu sehen, wie der

Leichnam eines so großen, mit Ehren reich geschmückten Königs an ihnen vorbei getragen wurde. So ehrten die Goten ihren herrlichen König Theoderich und überführten ihn; auch der tapfere und ruhmreiche Thorismund erwies, wie es einem Sohn geziemt, der abgeschiedenen Seele des geliebten Vaters die letzte Ehre. Nachdem alles vorüber war, fragte Thorismund, vom Schmerz über den Tod des Vaters bewegt und auch weil ihn sein Ehrgefühl dazu antrieb, den Patricius Aetius, wie es nun weitergehen solle und wie man den Tod des Theoderich rächen wolle. Aetius aber, dem Thorismund an Alter und Weisheit überlegen, riet dem jungen Goten, schnellstens mit den noch kampffähigen Mannschaften in die Wohngebiete der Goten zurückzukehren, um sich auf diese Weise die Nachfolge auf den Königsthron zu sichern. Andernfalls könnten seine Brüder das Erbe an sich reißen und ihn nötigen, um dieses Erbe einen bitteren Kampf gegen die eigenen Landsleute auszufechten.

Thorismund durchschaute Aetius nicht und nahm den Rat als wohlgemeint, vielleicht auch, weil er zu sehr an seinen eigenen Vorteil und die Thronfolge dachte. Er gab darum den Gedanken an einen weiteren und offensichtlich langwierigen Kampf gegen die wohlverschanzten Hunnen auf und kehrte ins Innere Galliens zurück. So kann menschliche Schwachheit, zumal da sie auch noch von einem Verdacht beeinflusst wurde, die Ursache dafür sein, dass eine Gelegenheit zu großen Taten versäumt wird."

So weit der Gote Jordanes, der die Rolle des eigenen Volkes in diesem Kampf natürlich besonders hervorhebt. Übertrieben aber hat er nicht. Die Westgoten waren die wichtigsten Verbündeten der Römer. Als sie nun unter Thorismunds Befehl das Heer verlassen und in ihre Siedlungsgebiete im südwestlichen Frankreich zurückkehren, kann der angeschlagene, und eigentlich in der Falle sitzende Hunnenkönig Attila, das Schlachtfeld verlassen und sich mit den Resten seiner Armee nach Pannonien zurückziehen.

Warum aber gab Aetius diesen Rat? Jordanes meint, dass Thorismund den Aetius nicht durchschaute. Was er aber dann eigentlich mit diesem Rat bezwecken wollte, warum er ihn gab, darüber berichtet er nichts. Die Folge war, dass die Hunnen sich zurückziehen konnten, dass Attila nicht den Scheiterhaufen besteigen musste, den er schon hatte errichten lassen, sondern weiter eine wichtige Rolle in der damaligen Europapolitik spielte. Und genau das scheint die Absicht des Aetius gewesen zu sein, da er den zurückweichenden Attila dann auch nicht mehr mit den eigenen Truppen nachsetzte. Das schwache weströmische Reich konnte nur existieren, solange es die militärischen Kräfte gegeneinander ausspielen und für seine Zwecke nutzen konnte. Die Hunnen waren schon oft für Rom, für Aetius, von Nutzen gewesen. Gegen die Burgunder etwa, auf die Aetius einst die Hunnen gehetzt hatte und die empfindlich geschwächt worden waren. Morgen schon konnten sie nützliche Verbündete gegen die siegreichen Westgoten oder gegen Byzanz sein.

Die Rechnung des Aetius ging übrigens nicht auf. Schon im nächsten Jahr fiel Attila wieder in Italien ein. Und nur fünfundzwanzig Jahre nach dieser Schlacht war das römische Westreich endgültig am Ende. Klang- und sanglos wurde der letzte Kaiser Romulus Augustulus abgesetzt und die kaiserlichen Insignien, das Zepter, das Diadem, der Krönungsmantel, nach Byzanz geschickt. Ein tausend Jahre währendes Stück Weltgeschichte war zu Ende gegangen.

Wo nimmt eine Geschichte ihren Anfang? Wir haben den Zug der Westgoten quer durch Europa verfolgt, die jetzt in den Raum eintreten, der den Jakobsweg geformt und hervorgebracht hat. 466 n. Chr. erobern die Westgoten Zentral- Nordost- und Ostspanien. Man kann davon ausgehen, dass viele, oder die meisten, die an diesem Feldzug teilnahmen, bereits auf den katalaunischen Feldern gekämpft hatten. Das römische Reich war dort zu keiner Abwehr mehr fähig. Auf der iberischen Halbinsel kämpfte nur mehr der einheimische Adel. Das westgotische Staatsgebiet wird bedeutend erweitert. Von Tours im Norden, bis Cartagena im Süden, von Toledo im Westen, bis Narbonne im Osten reicht jetzt das Reich der Westgoten. Und Rom muss die Eroberungen anerkennen. Ravenna sieht sich genötigt einen Friedensvertrag mit dem Westgoten abzuschließen. Das Föderatenverhältnis wird ausdrücklich aufgehoben und das Westgotenreich als souveräner Staat anerkannt. Es war das bedeutendste Staatsgebiet auf dem Gebiet des alten römischen Reiches. Das zweite Germanenreich, nach dem Herrschaftsgebiet der Wandalen in Nordafrika, dessen Unabhängigkeit sowohl Rom als auch Byzanz anerkennen musste. Dieses Reich umfasste etwa 750 000 Quadratkilometer. Das sind mehr als doppelt so viel an Fläche, als das wiedervereinigte Deutschland besitzt. Etwa zehn Millionen Menschen lebten in dem gesamten Gebiet, und nur 300 000 davon waren Goten, die sich vom Rest der Bevölkerung auch noch durch ihren andersartigen, arianischen Glauben unterschieden. Die Probleme der kommenden zwei Jahrhunderte waren von Anfang an vorprogrammiert.

Die Wende vom fünften zum sechsten Jahrhundert sah die Anfänge vom Aufstieg des Frankenreiches in Gallien. 481 kam Chlodwig I als König der salischen Franken an die Macht. Bei dem Merowinger waren die hervorstechensten Merkmale seines Geschlechts, Skrupellosigkeit und Rücksichtslosigkeit, gepaart mit einem feinen Gespür für das politisch Machbare, besonders stark ausgeprägt. Bei Soissons besiegte Chlodwig Syagrius, den letzten Statthalter des römischen Reiches in Gallien und verleibte sich dessen Herrschaftsbezirk ein, das sich immerhin beiderseits der Seine und südlich bis an die Loire erstreckt hatte. Damit grenzte sein Herrschaftsgebiet direkt an das Reich der Westgoten an. Bald kam es zu Spannungen und Zusammenstößen, bei denen sich auf fränkischer Seite auch die Burgunder beteiligten. Dann wurde ein Friedensvertrag abgeschlossen, den Chlodwig aber gleich nach der

Unterzeichnung brach. Hartnäckig setzte er seine Expansions-
politik fort. Theoderich der Große, Ostgotenkönig und mittlerweile
Herrscher in Italien, der damals wohl mächtigste Germanenfürst,
versuchte Frieden zu stiften und drohte Chlodwig sogar mit einem
Interventionskrieg. Dies war vielleicht die kritischste Lage in der
sich das Frankenreich je befunden hatte und jemals befinden
würde. Hätte Theoderich tatsächlich eingegriffen, wäre das damals
noch schmächtige Frankenreich, zwischen den beiden mächtigen
Gegnern zerrieben worden. Doch Chlodwig griff das Westgotenreich an, noch bevor Theoderich seine Kriegsvorbereitungen
beendet und entsprechende Bündnisse abgeschlossen hatte.
Blitzschnell stieß er tief in das Gebiet des Feindes vor. Erst bei
Poitiers kommt es zur Entscheidungsschlacht. Die Schlacht endete
mit der Niederlage der Goten und mit dem Tod ihres Königs
Alarich II. Chlodwig setzte nach, besetzte Bordeaux und die
damalige Hauptstadt des Westgotenreichs Toulouse. Für ein
Eingreifen Theoderich des Großen war es nun zu spät. Doch
verhinderte er zumindest den totalen Zusammenbruch der
Westgoten. Unter seinen Einfluss kam es zu Friedensver-
handlungen. Den Franken wurden vertraglich die eroberten
Gebiete zugesichert. Den Westgoten blieben in Gallien nur
Randgebiete nördlich der Pyrenäen und ein schmaler Streifen am
Mittelmeer mit den Städten Arles und Narbonne. Ihr Reich war
jetzt auf das Gebiet der iberischen Halbinsel beschränkt. Dort
allerdings wirkte ihre Anwesenheit geschichtsbildend bis weit über
das Bestehen ihres Reiches hinaus. In den kommenden zwei
Jahrhunderten, in denen die Westgoten auf der iberischen
Halbinsel noch regierten, wurden die Grundlagen für das spätere
Nationalbewusstsein Spaniens gelegt. Zunächst, bis zum Ende des
sechsten Jahrhunderts, spitzte sich der Konflikt zwischen
arianischen und katholischen Glauben immer mehr zu. Bald ging
der Riss auch mitten durch die Goten, mitten durch die führenden
Familien des Landes, da der katholische Glaube auch immer mehr
Anhänger unter der germanischen Herrschaftsschicht Spaniens

fand. Hinter der katholischen Bevölkerung, die bei weiten die Mehrheit im Lande darstellte, denn mehr wie ein bis drei Prozent Arianer waren es sicher nicht, stand die Macht und der eingespielte Verwaltungsapparat der universalen römischen Kirche. Die arianische Kirche hingegen hatte nicht einmal eine zentrale Führungsgewalt, sondern die einzelnen Einheiten standen sich in größter Selbstständigkeit und Unabhängigkeit gegenüber. Deshalb war es ein Akt der politischen Vernunft, der dem Staat Stabilität und innere Einheit bringen sollte, als König Ricimer zum katholischen Glauben übertrat. Dagegen freilich empörten sich nun die arianischen Anhänger, die ja bis dahin im Staat favorisiert waren. Die Witwe des alten Königs schürte den Streit im Land. Aber es war ein letztes Aufbäumen des Arianismus, mehr nicht. Der König hatte ab jetzt die Mehrheit im Land hinter sich. Er hatte die Situation fest im Griff. 589 schließlich berief König Ricimer ein Reichskonzil nach Toledo ein. Alle Bischöfe des Landes, arianische wie katholische, nahmen an dem Konzil teil. Feierlich wurde dort der Übertritt des gesamten Staates zum Katholizismus beschlossen. Die arianische Kirche ging in der katholischen auf. Die arianischen Bischöfe behielten Rang und Würde, nachdem sie das nicaeanische Glaubensbekenntnis, in dem das katholische Trinitätsdogma enthalten war, unterschrieben hatten. Das Land war nun unter dem Glauben geeint, der in der Geschichte Spaniens eine so entscheidende Rolle spielen sollte. In den folgenden knapp eineinhalb Jahrhunderten, die dem Westgotenreich noch bleiben sollten, glichen sich die beiden Volksteile immer mehr an. König Rekkeswinth schuf 654 ein einheitliches Recht, das für Goten wie Romanen gleichermaßen gelten sollte. Dieses Gesetzeswerk beseitigte die letzten trennenden Schranken zwischen den beiden Bevölkerungsgruppen. Zwar wurden daraufhin die Goten mehr und mehr romanisiert, doch entstand jetzt, in nur sechzig Jahren, eine einheitliche Nation, mit einem ausgeprägten Nationalbewusstsein, in der sich auch die romanischen Bevölkerungsteile als Westgoten fühlten. Und erst dieser Prozess ermöglichte es, dass sich später die nationalen Kräfte in den nördlichen Randgebieten Spaniens neu formieren konnten, mit dem Jakobsweg als verbindende Achse, und schließlich zum Gegenschlag, zur Reconquista übergehen konnten. So stabilisierend der Einigungsprozess, das Zusammenschmelzen der beiden Bevölkerungsteile auch wirkte, bald brauten sich dunkle Wolken über dem Westgotenreich zusammen. Zunächst wurde Spanien von einer furchtbaren Seuche heimgesucht, die wohl aus Nordafrika auf die iberische Halbinsel übergriff. Man weiß nicht genau, um was für eine Seuche es sich handelte. Vielleicht die Pest. Jedenfalls war der Verlust an Menschenleben ungeheuerlich. Die landwirtschaftliche Produktion brach aus Arbeitskräftemangel zusammen. Es wurde nicht mehr gesät, die Ernte nicht mehr eingebracht. Eine Hungersnot war die Folge. Tod, Krankheit, Hunger; drei der vier apokalyptischen Reiter zogen eine Spur des Leides, der Verwüstung über Spanien hinweg. Der vierte, Krieg, folgte den vorausgegangenen auf dem Fuß. Im Sommer des Jahres 711 kamen die Araber! Das geschwächte Reich hatte ihnen nicht mehr viel entgegenzusetzen. Bei Cadiz fand die Entscheidungsschlacht statt. Die Goten wurden vernichtend geschlagen. Die Überlebenden zogen sich in den gebirgigen Norden Spaniens zurück. In Asturien hielt sich der Widerstand und auch die eigensinnigen Basken stellten sich den Arabern entgegen. Die letzten der Westgoten, deren Zug kreuz und quer durch Europa wir über ein halbes Jahrtausend hinweg verfolgt haben, saßen dort im Norden in ihren Felsennestern und grübelten über ihre Niederlage nach. Wer hätte damals noch etwas auf ihnen gegeben? Aber sie wären nicht die Nachfahren eines so tapferen, tüchtigen und hartnäckigen Volkes gewesen, wenn sie sich lange mit dem Grübeln über ihre Niederlage aufgehalten hätten. Bald träumten sie von der Reconquista, von der Wiedereroberung der verlorenen Gebiete. Ihre Tapferkeit, Tüchtigkeit und Hartnäckigkeit hatte sich auf die Spanische Nation übertragen. Und so gelang es den Traum, so unmöglich dies im Jahre 711 auch geschienen haben mag, Stück für Stück zu verwirklichen.

Asturien, das war also das Kernland des christlichen, westgotischen, spanischen, Widerstands gegen die Mauren. Der Sohn
eines westgotischen Gaugrafen, Pelayo mit Namen, hatte sich
dorthin abgesetzt und andere Aufrührer um sich versammelt.
Einen Trupp Häscher, den der maurische Provinzgouverneur in die
Berge geschickt hatte, machten die Rebellen 722 nieder und riefen
ihren Anführer Pelayo zum ersten König von Asturien aus. Dann
geschah etwas, das den christlichen Widerstand entscheidend
stärken sollte. Im Jahre 820 wurde in Galicien, das Asturien zuvor
bereits in sein Königreich eingegliedert hatte, das Grab des
Apostels Jakobus aufgefunden. Das war sicher kein Zufall. Das
winzige Königreich brauchte einen starken Beschützer. Das
Ereignis hatte sich seit gut zwei Generationen geistig vorbereitet.
Der Wunsch nach einer apostolischen Unterstützung war immer
stärker geworden. Legenden, nach denen der Apostel in Spanien
missioniert hatte, dass er dort auch gestorben und begraben worden
war, wurden in den Köpfen der Menschen bald zur Gewissheit. In
der Logik des Frühmittelalters war die Auffindung des Grabes
dann nurmehr der nächste folgerichtige Schritt. Wunder bestätigten
die Echtheit des Grabes. Die bedeutungslose Provinzkirche
Asturiens war über Nacht zur apostolischen Kirche geworden,
Rom beinahe ebenbürtig. Und der Weg zum Grab des Apostels, der
Jakobsweg, wurde zur Achse, die die nördlichen, christlichen
Gebiete, Asturien, Navarra, Aragón miteinander verband; zur
Achse, um die sich die beginnende Reconquista formierte.
In der Schlacht von Clavijo, im Jahre 844, die historisch aber nicht
belegt ist, soll der Apostel hoch zu Ross den christlichen Truppen
gegen die Mauren beigestanden haben. Seit dieser Schlacht trägt er
den Beinamen *Matamoros,* der Maurentöter. Maurentöter, das
wollten von da an alle kommenden Generationen des spanischen
Adels sein. Die Eroberung von Territorien südlich des Küsten-
gebirges wurde bis Anfang des zehnten Jahrhunderts bis zum Rio

Duero vorangetrieben. Dort allerdings blieb sie für gut zwei
Jahrhunderte stecken. Das christliche Königreich gruppierte
sich während dieser Zeit im Inneren neu. Die Hauptstadt wurde
von Oviedo nach León verlegt, jener Stadt, nach der es sich nun
auch umbenannte in Königreich León.

Um die Jahrtausendwende gingen die Mauren wieder zum
Gegenangriff über. Der Wesir des Kalifen Hischam II drang
während dieser Zeit weit in die christlichen Gebiete ein und
zerstörte zielstrebig Burgen, Städte und selbst entlegene Klöster.
Selbst die Hauptstadt León und die Apostelkirche in Santiago de
Compostela wurden gebrandschatzt und zerstört. Dann aber
machten innere Auseinandersetzungen in den spanischen Kalifaten
diesem islamischen Expansionskriegen ein Ende. Das Kalifat von
Córdoba fand in den internen Auseinandersetzungen und dem
folgenden Bürgerkrieg gar sein Ende. Das restliche islamische
Spanien zerfiel in kleine, unabhängige Herrschaften. Die folgenden
Kriege zwischen den Emiren der Teilherrschaften schwächten die
Position der Mauren in Spanien weiter, was die christlichen
Herrscher für weitere Landgewinne nutzten. Im Anschluss entstand
zum ersten Mal in Spanien ein großes, zusammenhängendes
christliches Herrschaftsgebiet. Sancho III, der Große, war durch
Erbfolge gleichzeitig König von León und Navarra, sowie Graf
von Kastilien und Aragón geworden. Die Grafschaften Barcelona
und Cascuña (in der heutigen Cascogne) waren von ihm abhängig.
Im elften Jahrhundert gelang Alfonso VI. von Kastilien schließlich
die Rückeroberung von Toledo, der alten Hauptstadt des Westgotenreiches. Der Traum von der Rückeroberung des gesamten
alten Reiches rückte damit ein entscheidendes Stück näher. Und
das wurde auch von den damaligen Zeitgenossen so empfunden.
Man sieht, wie sehr sich das damalige Spanien noch immer auf die
Westgotenzeit berief. Man war zwar nicht mehr westgotisch, im
eigentlichen Sinn, doch hatte die Nation Spanien, die sich langsam
zu bilden begann, die Rechtsnachfolge des alten Westgotenreiches

angetreten. Ein kastilischer König hatte den Traum von der Rückeroberung Toledos verwirklicht. Kastilien stieg von da an unaufhaltsam zur Hegemonialmacht auf der iberischen Halbinsel auf. Alfonso VI. nannte sich nun *Imperator totius Hispaniae* (Kaiser des gesamten Spanien). Und Toledo wurde die Hauptstadt seines Reiches, womit er erneut an die alte, westgotische Tradition anknüpfte. Damit hatte der Jakobsweg die immense strategische Bedeutung eingebüßt, die er über mehr als zwei Jahrhunderte innegehabt hatte. Die Machtzentren der christlichen Staaten Spaniens, sowie die Frontlinie gegen die Mauren hatte sich immer weiter nach Süden verschoben. Der Jakobsweg war nun nicht mehr Frontlinie und Achse, die die christlichen Reiche miteinander Verband. Doch im gleichen Maße wie die militärische Bedeutung des Jakobswegs schwand, nahm zur gleichen Zeit seine religiöse und wirtschaftliche Bedeutung zu. Alfonso VI., der Eroberer Toledos legte 1075 den Grundstein für die neue große Kathedrale in Santiago de Compostela. Da die neue Frontlinie so viel weiter südlich verlief, war der Jakobsweg gesichert gegen Einfälle der Mauren. Immer mehr Pilger aus allen Teilen Europas, vor allen aber aus Frankreich, kamen ins Land. Der Jakobsweg war zu dem geworden, was er heute wieder ist, zu einem Ziel für Pilger aus allen christlichen Ländern.

Die Eroberung von Toledo versetzte den islamischen Emiren einen schweren Schock. Sie riefen nun die marokkanischen Almoraviden gegen die mächtig gewordenen christlichen Reiche des Nordens zu Hilfe. Diese brachten 1086 den überraschten christlichen Spaniern eine empfindliche Niederlage bei. Danach schluckten sie aber auch die Emirate ihrer islamischen Glaubensbrüder in Spanien und etablierten wieder eine starke, islamische Zentralmacht. Als auch ihre Macht dahinsiechte, übernahmen die ebenfalls marokkanischen Almohaden die Macht. Wieder befand sich das christliche Spanien in der Defensive. Kastilien, Navarra und Aragón mussten ihre Streitigkeiten untereinander beenden und gegen den gemeinsamen Feind zusammenstehen. Verstärkt wurden die christlichen Streiter zu jener Zeit auch von den, vom Kreuzzugsgedanken beseelten Ritterorden, wie den Templern oder den Johannitern und von Rittern aus ganz Europa, die sich für Christus in Spanien gegen die Mauren schlagen wollten. Zwar endete der erste Feldzug 1195 mit einer schweren Niederlage der christlichen Heere, doch gewannen sie in der Wende vom elften zum zwölften Jahrhundert allmählich die Oberhand. 1212 konnten die vereinten Heere Kastiliens, Navarras und Aragóns die Schlacht von Las Navas de Tolosa für sich entscheiden. Der almohadische Sultan an-Nasir wurde so vernichtend geschlagen, dass er Hals über Kopf nach Marokko floh. Diese letzte große Entscheidungs- schlacht in der Geschichte der Reconquista brachte die endgültige Wende im Ringen zwischen christlicher und islamischer Kultur in Spanien. Nie mehr seit dieser Zeit konnten moslemische Heere den christlichen Gebieten in Spanien wirklich gefährlich werden. Im Gegenteil. Der Süden Spaniens lag jetzt offen für den Zugriff der christlichen Heere. Der nächste König von Kastilien, Ferdinand III., der Heilige, nahm seine Chance war. Er eroberte Córdoba, Murcia, Jaén und Sevilla für das christliche Spanien zurück. Dann setzten Ferdinand von Aragón und Isabella von Kastilien, die ihre beiden Königreiche durch Heirat zu Spanien verbunden hatten, den Schlussakt unter das 800 Jahre während Drama der Reconquista. Im selben Jahr, in dem Kolumbus nach Amerika segelte, 1492, eroberten sie das letzte freie Emirat auf spanischen Boden, Granada, und gliederten es ihrem Reich ein. Der Halbmond in Spanien sank in den Staub. Das Land war wieder vollständig Teil der europäisch-abendländischen Kultur.

Wo beginnt eine Geschichte und wo endet sie? Der Jakobsweg hat seine politische und strategische Bedeutung längst eingebüßt. Die Westgoten sind selbst in Spanien nicht mehr, als bloße Erinnerung. Die Reconquista seit über fünfhundert Jahren abgeschlossen. Und doch sind die Grundkräfte, die die Geschichte, die wir hier verfolgten, vorantrieben, noch immer wirksam und geschichtsbildend. Die Achse, die die heutigen Völker Europas verbindet, ist die europäisch-abendländische Kultur, die gewissermaßen Tochter oder Enkelin der christlichen Kultur ist, die in jener Zeit schon die selbe Kraft und Fähigkeit hatte wie jetzt ihre Nachfahrin, nämlich die Völker zu verbinden, die an dieser Kultur gemeinsam teilhaben.

Bild 8: Das Städtchen Villafranca del Bierzo.

Am Morgen durch Villafranca del Bierzo. Rast in der dortigen Herberge, in der schon im Mittelalter die Pilger Zuflucht fanden. Sie lag einst in Ruinen, wurde aber von freiwilligen Helfern wieder aufgebaut. Und noch immer sind die Arbeiten daran nicht vollendet. So war, als wir an die Herberge kamen, ein Junge, er konnte noch keine achtzehn Jahre alt sein, gerade damit beschäftigt, Löcher zur Befestigung eines Fenstergitters in die Mauer zu meißeln. Er hatte Kopfhörer auf und hörte bei der Arbeit Musik aus einem tragbaren CD-Player. Der Wirt der Herberge ist unter den Pilgern eine Berühmtheit. Er soll schon so manchen der Durchziehenden, durch Handauflegen, von seinen Leiden und Krankheiten befreit haben. Dieser Heiler kam nun in einem alten, klapprigen LADA-Geländewagen vorgefahren. Er begrüßte mich als Pilger und wechselte einige Worte mit mir, meinte aber gleich darauf, dass er keine Zeit habe, da es noch so unendlich viel am Gebäude zu tun gebe. Mit diesen Worten ließ er mich stehen und begann den Jungen dabei zu helfen, das handgeschmiedete Gitterfenster in die Halterung einzupassen. Ich schaute mich indes ein wenig in der Umgebung um. Unweit der Herberge steht die Santiago Kirche mit der Puerta del Perdón. Hier in Villafranca del Bierzo ruhten sich die Pilger im Mittelalter vor der schwierigen und gefährlichen Überschreitung des Cebreiro-Passes, des Übergangs nach Galicien, noch einmal aus. Viele waren durch die Strapazen der Wanderung krank geworden, manche dem Tode nahe. Diejenigen, die zu krank oder zu schwach waren, um weiter nach Santiago de Compostela zu wandern, konnten hier das Tor der Vergebung, den nichts anderes bedeutet Puerta del Perdón, durchschreiten und es wurde ihnen die selbe, vollständige Sündenvergebung zuteil, wie in Santiago de Compostela. Wer hier starb wurde auf dem Pilgerfriedhof, der sich gleich hinter der Santiago Kirche befindet, begraben.

Nachdem wir noch einen Kaffee in der Herberge getrunken hatten, marschierten wir weiter. Wieder wurde die Hitze im Laufe des Tages fast unerträglich. Hinzu kam, dass der Weg nach Villafranca del Bierzo auf einer viel befahrenen Schnellstraße weiterführte. Man fühlt sich hier als Fußgänger den Gewalten des modernen Massenverkehrs schutzlos ausgeliefert, so dass wir heilfroh waren, als wir am späten Nachmittag endlich die Herberge in Vega de Valcarce, unserem heutigen Ziel, erreichten.

O Cebreiro, den 26. April 2002

Zeitig am Morgen, noch bevor die Sonne über die Bergrücken des engen Seitentals kroch, in dem Vega del Valcarce liegt, marschierten wir weiter. Endlich verlief der Weg wieder abseits der großen Verkehrsstraßen durch eine idyllische Landschaft. Gleich am Ortsausgang von Vega de Valcarce pflügten Bauern mit einem Ochsengespann den Boden eines Feldes, das von hohen Pappeln beschattet wurde. Ich wechselte ein paar Worte mit ihnen. Eben so viele, wie mein bisschen Spanisch, das ich kann, es zuließ. Auch machte ich einige Fotografien. Als ich mich wieder verabschiedete, waren H. und Jakob schon weitergelaufen. Also ging ich den, auf rund dreizehnhundert Metern gelegenen Pass, alleine an, was mir recht war, da ich so auf dem Weg wieder einmal intensiv meditieren konnte ohne abgelenkt zu werden. Ich kam dabei heute auf manche abseitige Themen. Einmal dachte ich lange über den Unterschied zwischen den romanischen und den germanischen Sprachen im Allgemeinen, und speziell über den Unterschied zwischen dem spanischen „Agua", lateinisch „Aqua", und dem deutschen Wort „Wasser" nach. Lautmalerisch erinnert „Aqua" eher an tiefe Zisternen, an den hohlen Klang, den fallende Tropfen auf der Wasseroberfläche dort, tief unten, verursachen. Das deutsche Wort Wasser hingegen, mit einem schnell gesprochenen

Doppel-S in der Mitte, betont das Strudelnde, Strömende des Elements. Man stellt sich Stromschnellen oder einen klaren, rauschenden Gebirgsbach vor. Dinge, die man eher im Gebirge, oder im Norden suchen würde. Es ist kaum abzuwägen inwieweit geographische Gegebenheiten die Sprachen bei ihrer Entstehung geformt haben, und wie tief die Seelen der Völker durch die Unterschiede der Sprachen im Laufe der Zeit geprägt wurden.

Der Hohlweg führte bald steil bergan. Farne, Brombeersträucher, große alte Walnussbäume und saftige Bergweiden bestimmten die Szenerie. Einmal trieb eine Hirtin eine Herde Kühe den Weg hinab, mir entgegen. So dass ich schnell den Hang hinauf auswich, um die massigen Tiere vorbei zu lassen. Bald kam ich durch ein kleines, verschlafenes Dörfchen mit grauen Natursteinhäusern, die wirkten, als wären sie dem Boden selbst entwachsen. Organisch und stimmig fügten sie sich in die Berglandschaft ein. An einem kleinen Brunnen in dem Dorf, erfrischte ich mich etwas, da der Aufstieg doch recht schweißtreibend war. Gierig trank ich das köstliche, klare Nass in mich hinein, das reine Wasser mehr genießend als oft Champagner und Wein. Weiter oben dann wuchsen nur noch Ginster und Heidekraut, doch keine Bäume mehr. Hier ist mit einem Stein die Grenze zwischen Kastilien-León und Galicien markiert. Von hier aus ist es nicht mehr weit bis in das Hunderteinwohnerdörfchen O Cebreiro, das mit seinen Rundhäusern aus grauen Basalt, den Natursteinmauern und seinen urigen Schenken, uralt und sehr keltisch wirkt. Ich fühlte mich sogleich stark an meine Reisen durch Cornwall und Wales erinnert. Nur die moderne und nagelneue Pilgerherberge, von der aus über eine Webcam sogar Live-Bilder ins Internet übertragen werden, passt nicht so ganz ins Bild. Dort traf ich mit den anderen wieder zusammen. Ein Team des galicischen Fernsehens machte gerade Filmaufnahmen für einen Bericht über den Jakobsweg. Dann interviewten sie die kleine Gruppe, mit der ich die letzten Tage unterwegs gewesen war, was live übertragen wurde. Louis

Miguel, dessen Eltern Spanier sind, weswegen er auch perfekt Spanisch spricht, der jetzt aber Schweizer Staatsbürger ist, übernahm die Antworten für alle anderen. Dann trennte ich mich von Jakob, H., Louis Miguel und Helga, die zu einem festen Termin in Santiago sein müssen. Ich hingegen bin ohne Verpflichtungen, frei und habe noch Zeit so lange ich will. Außerdem ist für dieses Wochenende ein großes Volksfest in Cacabelo angekündigt, das ich natürlich nicht versäumen will.

In der Herberge schloss sich schnell eine kleine Gruppe von Pilgern zusammen. Wir beschlossen, am Abend noch auszugehen. In der kleinen Dorfkneipe bestellten wir „queimada", eine ganz besondere galicische Spezialität. Daraufhin brachte die Wirtin eine große Porzellanschüssel, in der sich Branntwein befand, und einen Stapel Tassen. Zu dem Branntwein kamen noch Zitronenscheiben, Kaffeebohnen und Maraschinokirschen. Dann wurde das Licht gelöscht und das Ganze entzündet. Blaue Flämmchen züngelten geisterhaft über die Flüssigkeit dahin, sich wie kleine Irrlichter hin und her bewegend. Nachdem wir eine ganze Weile dem Tanz der Lichter andächtig zugesehen hatten, wurde das Licht wieder angeschaltet. Doch noch immer durfte nicht getrunken werden. Erst rezitierte die Wirtin ein langes Gedicht auf galicisch, von dem selbst die anwesenden Spanier meinten, dass sie davon kaum ein Wort verstanden hatten. Dann erst wurde ausgeschenkt. Der Alkohol schmeckte erstaunlicherweise sehr mild. Hatte mich die ganze Zeremonie irgendwie an das Brauen von Zaubertränken durch die alten, keltischen Druiden erinnert, so auch die Wirkung des Getränks, die stark aufputschend war. Plötzlich fühlte man sich als könnte man noch heute, in dieser Nacht, den restlichen Weg bis Santiago im Dauerlauf zurücklegen. Und da jeder nur drei kleine Tassen von dem Alkohol abbekam, hielt sich auch die berauschende Wirkung in Grenzen. Den Rückweg in die Herberge traten wir dann bei dichtesten Nebel an. Keine zwei Meter reichte die Sicht. Es schien mir da, als hätte Galicien mir gleich am ersten

Tag, einige seiner mystischsten und ursprünglichsten Seiten offenbart.

Bild 9: Landschaft am Cebreiro-Pass.

Triacastela, den 30. April 2002

Nach zweitägiger Pause in Cacabelos und Besuch des dortigen
lebhaften Volksfestes, erneuter Anmarsch und Aufstieg am
Cebreiropass. Diesmal aber marschierte ich am selben Tag noch
weiter bis Triacastela, das von O Cebreiro ungefähr siebenund-
zwanzig Kilometer entfernt liegt. Mit insgesamt über dreißig
Kilometern, war das die bislang längste Etappe am Weg. Doch
habe ich mich mittlerweile gut an das Laufen gewöhnt. Fast ist es
schade, dass das Ziel schon so nahe ist. Hinter dem Pass ging es
gleich wieder siebenhundert Höhenmeter stetig bergab. Je tiefer
ich kam, desto saftiger wurden die grünen Hügel Galiciens. Durch
die zweitägige Pause, traf ich jetzt am Weg auf ganz neue
Gesichter unter den Pilgern. Am Abend, beim Wein, freundete ich
mich mit einigen von ihnen an. Die meisten sind so etwa in
meinem Alter oder jünger. Auch sind jetzt Deutsche und
Österreicher in der Überzahl. Nur Philipe aus Frankreich, der über
siebzig ist und dabei sehr viel fitter als wir Jungen, und eine
Holländerin afrikanischer Abstammung, fallen da etwas aus dem
Rahmen.

Sarria, den 1. Mai 2002

Erneuter Wetterumschwung. Wie es sich für Galicien gehört
peitschen atlantische Regenschauer über das üppig grünende Land.
Auch sind in dem Regen schon wieder vereinzelte Schneeflocken
gemischt. Solche extremen Wetterumschwünge verkraftet
der Körper nur schlecht. Ich habe Bauchschmerzen und eine
leichte Übelkeit begleitete mich während des gesamten Tages. Ich
schleppte mich heute nur mühsam vorwärts. Die zwanzig
Kilometer von Triacastela nach Sarria waren für mich eine
ziemliche Quälerei. Beim Abendessen brachte ich kaum den Teller
Suppe hinunter, den ich als einziges aus dem angebotenen drei

Gänge Menu bestellt hatte. Die Wirtin war sehr mitfühlend. Sie
kochte mir einen Kräutertee, der mir helfen sollte. Ich hoffe, dass
ich bis Morgen wieder fit bin.

Portomarin, den 2. Mai 2002

Wieder Regentag. Uralte Eichen spannten ihr frischgrünes
Frühlingsblattwerk über den Weg, der bis Portomarin durch kleine
Weiler mit grauen Häuschen führte, an denen sich winzige Gärten
anschlossen. Ununterbrochen strömte das Wasser aus dunklen
Wolken herab, plätscherte in Bächen über die uralten Steinwege
hinweg, troff von den Blättern der Bäume. Man glaubte fast in
einer submarinen Welt dahinzuwandern. So könnten Landschaften
auf einem fernen Stern beschaffen sein, der ganz von Wasser
bedeckt ist.

Palas de Rei, den 3. Mai 2002

Nur noch sechsundsechzig Kilometer bis Santiago. Der Pilger-
strom schwillt an. Selbst aus Mexico ist ein Pilger unterwegs –
Julio. Er ist ziemlich zurückhaltend, aber nicht unsympathisch in
seiner Schüchternheit. Er trägt, wie die Pilger des Mittelalters, ein
Holzkreuz als Pilgerstab mit sich. Dieses Holzkreuz, so erzählte er,
bekam er am Anfang des Weges von einem alten Mann, der ihn bat
das Kreuz, das er selber gefertigt hatte, mitzunehmen und für ihn
zu beten. Gern hätte der Alte den Weg selbst noch gemacht. Doch
sei er zu alt und zu schwach, wie er meinte. Dann ist da Jörg aus
Hamburg, mit den ich jetzt zusammen die Tagesetappen laufe.
Da er in etwa meine Geschwindigkeit läuft, passen wir gut
zusammen. Auch sonst harmonieren wir nicht schlecht. Er ist
Programmierer. Ein Beruf, mit wenig Bewegung. So hatte er
Anfangs auf dem Weg ziemlich zu kämpfen. Auch hat er
ähnlich schlimme Blasen an den Füssen, wie ich zu Anfang. Weiter

Richard aus Österreich, der den Weg zusammen mit seinem Vater geht. Beide sind in Saint-Jean- Pied-de-Port, am Fuß der Pyrenäen, gestartet. Sie haben also einen noch weiteren Weg, als ich, hinter sich. Dann Bettina mit ihrer Schwester, ebenfalls aus Österreich, die in Madrid Medizin studieren. Und dann noch Rosa, eine Spanierin, die ebenfalls schreibt, wie ich. Wir sind immer wieder zusammen. Auch des Abends, beim Wein und zum Essen. Ich bin sehr froh all diese Menschen auf den letzten Etappen des Jakobs-weges noch kennen lernen zu dürfen, da sie für mich, eine wirkliche Bereicherung auf der Reise darstellen.

Ribadiso, den 4. Mai 2002

Wieder Regen. Fünfundzwanzig Kilometer geht es auf und ab, durch das galicische Hügelland. Die saftigen, grünen Weiden sind zum Teil mit Natursteinmauern eingefasst. An den Bäumen hängen lange Moose wie Bärte herab. Und überall Kreuze. Auch auf den Horreos in den Dörfern. Diese, meist aus Granit gebauten Getreide- oder Maisspeicher findet man überall. Sie stehen auf pilzförmigen Stelzen, damit das Ungeziefer nicht an das Getreide heran kann. Auf manche, die nicht wissen um was es sich handelt, wirken sie etwas unheimlich, da sie tatsächlich an auf Stelzen stehende steinerne Sarkophage erinnern. Doch ich finde, sie gleichen eher kleinen steinernen Häuschen für Kobolde oder Feen, mit ihrer rechteckigen Grundform und dem Satteldach aus massiven Granitplatten.

Dann queren wir große Eukalyptuswälder, die einen angenehmen und intensiven Geruch verströmen. Ich zerreibe eines der Eukalyptusblätter zwischen den Händen und sauge den Duft in mich auf. Es ist ein eigenartiges Gefühl, dass diese lange Wanderung bald schon zu Ende sein soll. Ich habe mich schon so an den einfachen Rhythmus dieses Lebens gewöhnt. Aufstehen, den ganzen Tag laufen, und am Abend, nach dem Essen, bald ins Bett, oder besser, in den Schlafsack.

Arca o Piño, den 5. Mai 2002

Die letzte Station vor Santiago. Es hat wieder den ganzen Tag in Strömen geregnet. Am Nachmittag treffen wir durchnässt und durchfroren am Rand des kleinen Örtchens Arca o Piño ein. Noch bevor die eigentliche Ortschaft zu sehen ist, kommen wir an einer Kneipe vorbei. Da wir annehmen es sei noch weit bis zur Herberge, wollen wir uns hier für den Weitermarsch noch etwas stärken. Gegen die Kälte hilft Carachillo, ein starker Kaffee mit einem tüchtigen Schuss Branntwein, den wir auch gleich bestellen. Und wirklich, das Getränk tut seine Wirkung. Ein zweites noch mehr. Wenig später kommen wir aufgewärmt und mit frischem Elan aus der Kneipe, wieder fit für die letzten Kilometer des heutigen Tages. Es geht einen schlammigen, aufgeweichten Berg hinab. Unten angekommen sehen wir auch gleich den Ort vor uns und gleich am Ortsrand auch die Pilgerherberge. Etwas ratlos sehen wir uns an. Wir sind ja schon da. Jetzt haben wir uns ganz umsonst aufgeputscht.

Santiago de Compostela, den 6. Mai 2002

Bei klarem Himmel und Sonnenschein Einzug in Santiago de Compostela. Das große und einst so ferne Ziel, ist erreicht. Das Gefühl erinnert mich entfernt an Gipfelerlebnisse in den Alpen. Die triumphierende Freude wie dort, ist ähnlich auch hier vorhanden. Doch verbindet sie sich mit einem gewissen spirituellen Hintergrund, der eher Demut den Triumph lehrt. Ich vergleiche eine solche Pilgerfahrt mit einer Maschinerie, durch die man sich nicht nur in Zeit und Raum fortbewegt, sondern die einen auch im

Innersten verändert. So habe ich festgestellt, um nur ein Beispiel zu nennen, dass sich mein Zeitempfinden stark verändert hat. Die Zeit nehme ich nun, nach gut einem Monat der langsamen Fortbewegung zu Fuß, nicht mehr so sehr als wirbelnden, reißenden Fluss war, der mich mitreißt und immer schnelleren Katarakten zutreibt, sondern eher als einen zwar schnell, doch ruhig und gleichmäßig dahinfließenden Strom.

Überhaupt bin ich im Innersten ruhiger geworden. Das Vertrauen darauf, dass hinter dem scheinbar Sinnlosen, Undurchschaubaren des Schicksals und der Weltenläufe im letzten Grunde doch so etwas wie Sinn und im Ganzen betrachtet, Schönheit steckt, ist größer geworden. In der Verinnerlichung des Erlebten entstand neue Hoffnung, eine neue Sicht auf die letzten Dinge. Im Mindesten aber, eine Disposition zur Erneuerung und Erweiterung des Eigenen Seins. Die religiöse Dimension wurde hinzugewonnen. Obgleich das scharfe Scheidewasser der Vernunft und die Skepsis der Aufklärung ihren relativierenden Einfluss nicht eingebüßt haben. Es ist mir klar das im Grunde auch die Bilder und Dogmen der Religionen nur gleichnishaften Charakter besitzen. Doch gilt das nicht für alle vom Menschen erschaffenen Systeme? Für die Philosophie ebenso wie für die exakten Wissenschaften? „Ins Innere der Natur dringt kein erschaffener Geist." Die religiösen Systeme haben gegenüber den Wissenschaften den Vorteil, dass sie über die Jahrtausende hinweg zu einem Sammelbecken wurden, in dem all die Bilder, Ideen und Dogmen einflossen, die Antwort auf diejenigen letzten Fragen geben, die die Wissenschaft ex definitionem ausklammern muss.

Der moderne Mensch dachte da anders. Er konstatierte mit Nietzsche „Gott ist tot." Also waren auch all die religiösen Systeme sinnlos geworden. Man erklärte ihre Entstehung dadurch, dass irgendein erster Menschenschlag Macht über andere gewinnen wollte und er daher, zu deren leichteren Kontrolle, all die religiösen Systeme schuf, die in der Geschichte der Menschheit existierten. Das nenne ich einmal grobschlächtige Psychologie. Das ist als würde ein Chirurg mit dem Schlachtermesser oder gar mit dem Säbel, anstatt mit dem Skalpell operieren. Man hat hier das Pferd von hinten aufgezäumt. Machtausübung und Kontrolle einer Priesterkaste, einer Kirche über die Gläubigen, ist immer eine sekundäre Erscheinung. Man kann das an den ersten vierhundert Jahren christlicher Geschichte gut ablesen. Da ist am Anfang eine echte Erfahrung des Göttlichen. Von Einzelnen oder von kleinen Gemeinden in numinoser Erregung erfahren. Da gibt es Verfolgung von Außen und einen tiefen inneren Zusammenhalt. Da ist Blutzeugentum und da sind göttliche Visionen. Da war die ganze Palette individueller göttlicher Erfahrung vorhanden. Dann wurde die christliche Kirche zur Staatskirche des römischen Reichs und damit selbst zu einem Instrument der Macht. Da wurden mit einem Male Dogmen sehr wichtig. Das erste Konzil, zur Festlegung der selben, wurde 325 n. Chr. in Nizäa abgehalten. Zwölf Jahre nachdem Konstantin der Große das Christentum öffentlich anerkannt und zu einem Machtfaktor in seinem Reich gemacht hatte. Da werden dann sogleich Andersgläubige verfolgt, obwohl man noch kurz zuvor selbst verfolgt wurde. Da werden alte Traditionen mit Füssen getreten und Heidentempel geschleift. Doch all das geschieht erst drei- bis vier Jahrhunderte nach Entstehung des neuen Glaubens. Religionen werden eben nicht zum Zwecke der Machtausübung „ersonnen", sondern erst nachdem sie sich aus den Seelen der Menschen geformt haben, können sie, wie andere ideelle Werte auch, zur Ausübung und Festigung von Macht missbraucht werden.

Die Moderne schaffte es, die Welt mehr und mehr zu entzaubern. Für Religion war kein Platz im positivistischen Denken dieser Epoche. Da aber in der Psyche des Menschen ein fester Platz für das Numinose, für den Glauben, für die letzten Dinge existiert und dort, wie nach Aristoteles in der Natur, das Prinzip des *horror vacui,* der Scheu vor dem Leeren gilt, füllte sich dieses Vakuum sogleich mit den verschiedensten Ersatzreligionen. National-sozialismus und Kommunismus auf staatlicher Ebene, wobei ersterer den puren Willen zur Macht zum Götzen erhob und letzterer mit einer reichlich kindischen, pseudoreligiösen Theorie, wie das Paradies auf Erden zu erreichen sei, aufwartete. Oder der Atheismus, der das Nicht-Glauben an Gott zur Religion erhob, oder der Existentialismus, Nihilismus, Materialismus, um nur einige Beispiele zu nennen, auf einer mehr seelisch-geistigen Ebene; oder schließlich Kubismus, Surrealismus, Pointilismus auf ästhetischer Ebene. Die Liste ist keineswegs vollständig. Das Kennzeichen der Epoche der Moderne ist es, dass -Ismen überall wie Pilze aus dem Boden schossen. Jede für sich in ihrem Absolutheitsanspruch zum Religionssurrogat und zur Hybris werdend. Wir sind die Enkel dieses Denkens und tragen noch immer an diesem Erbe. Erst in allerjüngster Zeit, seit etwas mehr als einem Jahrzehnt etwa, scheinen wir eine neue geistige Stufe erklommen zu haben. Nach all den geschichtlichen Erfahrungen im 20. Jahrhundert ist uns nun jeder Absolutheitsanspruch suspekt und zuwider. Die Theorien und Systeme der Moderne bleiben uns wertvoll, da sie neue und erweiterte Seinserfahrungen ermöglichten und noch ermöglichen. Doch akzeptieren wir nicht mehr ihren Anspruch alle Bereiche des Lebens erfassen und durchformen zu wollen, eben so wenig wie ihre Verkündigungen der Weisheit letzter Schluss zu sein. Neben diesen modernen Systemen aber ist nun auch das Uralte, die Religion etwa, zu neuen Ansehen gelangt. Doch auch ihr können wir heute nur einen relativen, gleichnishaften Charakter zugestehen, was ihr übrigens nichts von ihrer Würde nimmt, noch den Trost, den sie zu spenden vermag, unglaubwürdig machen würde. Wir sind nicht mehr in Räume verbannt, in denen uns das Glauben unmöglich wäre. Doch vermögen wir auch nie mehr zu alter barocker Pracht und Fülle der Religion zurückzukehren. In der Tat ist eine neue geistige Epoche angebrochen. Der Zeitgeist der Moderne hat sich zu etwas

Neuem gewandelt. Viele Geister haben diese Veränderung gespürt. Der Begriff der Postmoderne, zunächst ein Begriff der Kunst, lässt sich nun in wesentlichen Zügen, auch auf die Figuren und Bahnen der jüngsten Geschichtsbildungen anwenden. Wobei dieser Begriff nicht als neue Kunst- oder Geschichtstheorie zu verstehen ist, sondern lediglich als Grenzmarke, der die vorangegangene Epoche, von der jetzigen scheidet, als Namensgebung beim ersten Betreten eines noch unerforschten Kontinents.

Bild 10: Der Potafumeira wird geschwenkt.

Santiago de Compostela, den 7. Mai 2002

Habe heute die traditionellen Übungen, denen sich ein Pilger zu unterziehen hat, begangen. Zunächst, in der Vorhalle der Kathedrale, die „Wurzel Jesse" berührt, so wie es Millionen von Pilgern vor mir taten. Ihre Berührungen haben in dem Stein der Säule, um eine solche handelt es sich eigentlich bei der „Wurzel Jesse", tiefe Abdrücke hinterlassen. Dann habe ich meine Stirn gegen den Kopf Jesse, der aus der Säulenbasis ragt, geschlagen. Mit diesem archaisch-magischen Ritual habe ich mich, nach alter Überlieferung, dem göttlichen Willen unterworfen und einen Teil des Segens, der von dem Bildnis ausgeht, abgestreift.

Die nächste Station war der Hochaltar der geräumigen Kathedrale. Darunter befindet sich die Krypta mit den Gebeinen des Apostels Jakobus, denen ich meine Reverenz erwies. Von dort stieg ich ein schmales Treppchen empor, das hinter den Altar führt. Die zentrale Figur ist die mächtige und reich geschmückte Büste des Apostels Jakobus, die von hinten zu umarmen und zu küssen ist. Mit diesem Akt war dann meine Pilgerfahrt, nach ziemlich genau einem Monat, offiziell beendet. Eine Fahrt, die mich im Raum langsam aber stetig, in eigener Kraft und zu Fuß, voranbrachte, in der Zeit in eine über tausend und mehr Jahren gewachsene Matrix einband, und mich geistig auf Neuland führte und mich altes Terrain aus einem neuen Blickwinkel sehen ließ. Eine Fahrt, auf der ich viel gelacht, aber ebenso Schmerz und Erschöpfung kennen gelernt habe. Und eine Fahrt, die mich die mannigfaltige Schönheit der nordspanischen Landschaften entdecken ließ.

*

Später fand eine feierliche Pilgermesse in der Kathedrale statt. Der Priester verlass dabei wie viele Pilger und von wo diese, seit der letzten Pilgermesse in Santiago, angekommen waren. Ich war der einzige, der in Pamplona gestartet war. Nach Wandlung und Kommunion wurde dann das fast mannsgroße Weihrauchfass, der Botafumeira, in Bewegung gesetzt. Drei kräftige Männer waren nötig um das schwere Gefäß durch das Querschiff über die Köpfe der Gläubigen zu schwenken. Ich betete. Gedanke: „Durch das Gebet wird weniger das erfüllt, um was wir bitten, sondern eher eine Änderung, ein Umschwung in Uns zum Besseren vorbereitet."

Fisterra, den 8. Mai 2002

Fahrt zum Kap Fisterra. Dort ragt das spanische Festland weit in den Atlantik hinaus. Schon im Mittelalter zogen viele Pilger, nach ihrem Aufenthalt in Santiago, hierher, um einmal das Ende der Welt zu schauen. Ich übernachte dort oben, hoch über dem Meer. Tief unten brandeten die Wellen gegen die felsige Küste Galiciens. Die Sonne war schon untergesunken, als ich ankam und Dämmerung breitete sich über das tiefdunkle Meer und über das hellere Land. Ein Leuchtturm schickte sein pulsierendes Licht auf die See hinaus. Ich hatte das Gefühl nicht nur geographisch an einen Endpunkt gelangt zu sein. Die Zukunft liegt noch hinter dem Horizont verborgen, doch kündigt sich Neues an. Immer und immer wieder findet der Mensch seine Endpunkte im Leben. Manchmal sehnen wir solche herbei, häufiger jedoch rücken sie ohne unser Zutun, ja gegen unseren Willen an uns heran. Immer jedoch scheint es uns dann, als würden wir von hohen Klippen auf ein Meer hinaus schauen, das zu überwinden unmöglich scheint und von dem wir nicht wissen, ob dahinter überhaupt neues, festes Land existiert. In solchen Augenblicken werden wir von einer Furcht erfasst, von einer unbestimmten Angst vor der Zukunft. Oft müssen wir lange ausharren, bewegungslos, wie erstarrt, ohne zu wissen wie es weitergehen soll. Im Rücken bedrängt von unserer Vergangenheit, nach Vorne der Fluchtweg verstellt. Vergeblich halten wir nach Rettung Ausschau. Dann lernen wir zu beten. Wir bitten um das, was wir glauben in diesem Augenblick nötig zu haben. Doch immer kommt die Rettung aus unvermuteter Richtung, wird vielleicht zunächst als solche gar nicht erkannt. Das dunkle Meer teilt sich nicht, wie wir es uns erhofften. Vielmehr werden wir auf gefährlichen und mühsamen Schleichwegen aus unserer Not herausgeführt. Das Schicksal geht verborgene Pfade. Das Wunder webt heimlich seine Fäden. Das Göttliche verbirgt sich.